LIBÉRER LE SINGE, SAUVER LA PRINCESSE

Damián Ruiz

Libérer le singe, sauver la princesse

Une méthode analytique-expérientielle
pour traiter les troubles obsessionnels

ORIOCC EDITORIAL

Première édition : octobre 2014
Seconde édition révisée : juin 2020

© Oriocc Editorial, 2014
© Damián Ruiz

ISBN-13 : 9798577536626

ORIOCC EDITORIAL

Guitard, 45, 3º.
08014 Barcelone (Espagne)
Tél. 93 528 23 53
info@ipitia.com

Traduction : Charlyne Verrier
Design de couverture : Cristina González
Mise en page : Dana Catruna

Impression : Amazon

À mes patients,
pour avoir partagé leur vie.

Pour résoudre un problème qui n'a jamais été résolu, il est très probable que vous devrez changer l'approche de ce problème à partir de laquelle vous l'observez. C'est à cette seule condition que vous trouverez une logique différente et que vous découvrirez, peut-être, la solution.

Damián Ruiz

INDEX

Il y a quelques années, j'ai commencé à développer une nouvelle méthodologie pour le traitement du trouble obsessionnel, dont une première édition de ce livre a été écrite. C'est un livre informatif adressé aux patients et à leurs proches, et qui tente d'expliquer quelles sont les circonstances qui conduisent une personne à souffrir de ce problème, au-delà de l'existence d'une prédisposition génétique. Je suis convaincu, comme tant de psychologues, neurologues et psychiatres, de la plasticité du cerveau, c'est-à-dire qui est susceptible d'être modifié. Et je crois en la possibilité de guérir ou d'améliorer significativement le TOC dans de nombreux cas.

Il est vrai qu'il existe de nombreuses opinions profondément ancrées sur le TOC et sur son traitement. Mais je veux rendre cette méthodologie compréhensible et la faire découvrir. Nous voyons jour après jour dans notre centre à l'IPITIA de Barcelone, que cette méthodologie est efficace dans un grand nombre de cas.

Entre la première édition il y a cinq ans et cette édition, j'ai présenté notre ligne thérapeutique à de nombreux professionnels de la psychologie, de la psychiatrie, aux professeurs d'université et collèges des psychologues. J'ai participé au Congrès Européen de Psychologie, qui s'est tenu en juillet 2019 à Moscou, pour y exposer les résultats de nos travaux ainsi que la ligne théorique et pratique que j'ai élaborée. Nous affinons progressivement cette méthodologie pour qu'elle soit la plus concluante, sur le plan thérapeutique.

Lors de ce congrès, j'ai eu l'occasion de parler avec les participants, ainsi qu'un membre de son comité exécutif. J'y ai reçu beaucoup de commentaires positifs.

Nous avons traité des centaines de patients dans le monde entier, en face à face et en ligne. Certains patients viennent de pays comme le Canada, le Mexique, la Colombie, le Royaume-Uni, Israël, la Chine, les Emirats Arabes Unis, ...

Rien de tout cela ne peut être considéré comme un succès, mais plutôt comme une responsabilité en proposant une nouvelle méthode thérapeutique, que nous avons appelée **analytique-expérientielle**. Elle se fonde sur une analyse approfondie des variables qui ont déclenché le trouble obsessionnel, et une activation des éléments instinctifs et pulsionnels comme base fondamentale du processus pour surmonter le trouble obsessionnel. Nous sommes de plus en plus exigeants et nous savons que l'on attend de nous un résultat efficace. Nous mettons tous nos efforts pour y parvenir.

Des milliers d'exemplaires de ce livre ont déjà été vendus, et de nombreux patients ainsi que leurs familles recherchent la confiance en une thérapie efficace dans le traitement des obsessions et des compulsions. Soit pour les surmonter complètement, soit pour les réduire considérablement. Nous le savons et c'est pourquoi, grâce à la recherche et à de véritables efforts, nous réalisons de plus en plus de progrès dans ce domaine.

Je voudrais aussi ajouter quelques mots sur la théorie Analytique-Expérientielle qui sous-tend la méthodologie AFOP (Activation et Focalisation Pulsionnelle). Comme dit précédemment, j'ai commencé à développer cette méthodologie il y a quelques années, et notre équipe est en train de l'améliorer. C'est la ligne thérapeutique que nous suivons dans notre centre.

Ma formation d'analyste jungienne (dont je suis membre de l'association IAAP « International Association for Analytical Psychology » basée à Zurich, en Suisse) et mon intérêt pour deux autres domaines d'études : la théorie psychologique de Theodore Millon et, surtout, la lecture d'essais et d'études sur la primatologie (des primates, avec lesquels nous partageons parfois plus de 98% de nos gènes), me permettent d'avoir une vision de l'être humain qui balance entre le matériel-biologique-social et le transcendant. C'est pourquoi, nous essayons de trouver quel a été le déclencheur de l'apparition de la peur et/ou de la culpabilité dans l'enfance ou l'adolescence. Et, une fois cette peur et/ou cette culpabilité « libérée ou débloquée », nous cherchons un moyen de sortir du syndrome de sur-adaptation en trouvant un processus d'individuation qui permet à la personne de ne pas retomber dans le « modus vivendi » du fantasme de la peur et de la culpabilité, mais de progresser en se connaissant elle-même. Tout cela à travers l'analyse rigoureuse de sa propre histoire et l'expérimentation dans l'espace de réalité.

Mais, j'écrirai tout cela prochainement.

Damián Ruiz a commencé à me parler d'une méthode sur une base analytique-expérientielle, une méthodologie qu'il a lui-même développée, lors d'un entretien d'embauche dans lequel il m'avait proposé un poste à IPITIA, le Centre spécialisé dans les Troubles Obsessionnels et Anxieux qu'il dirige à Barcelone, et dans lequel je suis actuellement le Directeur Adjoint.

Il m'avait dit que la grande majorité de mes futurs patients seraient des personnes touchées par ce problème, parfois depuis de nombreuses années, exposées à un niveau de souffrance très élevé, et que beaucoup avaient presque perdu tout espoir de pouvoir réduire cette souffrance.

La perspective de travailler avec des patients souffrant de troubles obsessionnels me semblait très stimulante, mais en même temps, elle suscitait en moi des doutes. Car pendant mes années de formation, on ne m'avait jamais transmis la confiance dans les possibilités réelles de guérir ou d'améliorer sensiblement ce problème.

Mais lorsqu'il m'a expliqué la logique qui sous-tend l'efficacité de cette méthodologie, elle m'a paru d'une cohérence manifeste et incontestable dès le premier instant. Et quand la logique est étayée par des résultats cliniques, comme j'ai pu le vérifier par la suite, alors cela signifie que nous sommes sur le bon chemin.

D'un point de vue thérapeutique, la méthodologie est très claire, et non rigide. Ce n'est pas un protocole inflexible, puisque la rigidité est précisément ce que nous essayons de réduire chez le patient. Cette méthodologie analytique-expérientielle, que nous avons appelée AFOP(R) « Activation et Focalisation Pulsionnelle », représente un nouveau paradigme, un point différent à partir duquel nous pouvons observer le trouble, ce qui nécessite forcément un changement radical de perspective tant pour le patient que pour le thérapeute.

Une implication active entre les deux est fondamentale, et constitue l'un des éléments qui rendent possible le processus de transformation personnelle en réduisant l'anxiété qui soutient les manifestations obsessionnelles et compulsives.

C'est un privilège d'avoir la possibilité d'observer comment la symptomatologie obsessionnelle se réduit progressivement, au fur et à mesure que la personne débloque l'instinct, la passion, la créativité, la sexualité et les autres éléments expliqués dans ce livre. J'en suis particulièrement fier et je voudrais remercier l'opportunité qui m'a été donnée de participer à ce projet.

Tous mes patients sont invités à la lecture de « Libérer le singe, sauver la princesse », mais il s'agit d'un livre spécialement recommandable pour tous ces patients avec lesquels je commence un travail thérapeutique pour surmonter un trouble obsessionnel, car je pressens que dès le début, ils se sentiront compris et identifiés sous de nombreux aspects, ainsi que confiants et désireux de commencer à changer les éléments de leur vie qui entretiennent le trouble.

Je suis donc sûr que vous aussi, lecteur, vous pourrez profiter des mêmes sensations à travers ces pages.

Marco De Colle
Psychologue
IPITIA, Barcelone

Je suis entré en psychologie il y a de nombreuses années, en raison de mon goût pour la lecture de romans policiers et en particulier ceux d'Agatha Christie. Vers mes dix-sept ans, je les avais déjà presque tous lus. Je me souviens que quand j'étais malade et que je ne pouvais pas aller au lycée, j'étais heureux. Cela signifiait que je pouvais dévorer, parfois d'un seul coup, une nouvelle histoire de l'écrivaine la plus connue du genre policier.

Avec elle, j'ai compris que dans bien des cas, les choses ne sont pas ce qu'elles semblent être, que les logiques qui expliquent certains événements échappent à la pensée commune et que ce n'est pas parce que beaucoup pensent la même chose, que cela doit être vrai. De plus, je me permets de dire que s'il y a trop d'unanimité sur une question, il est fort probable qu'une réponse commode à un certain problème soit acceptée ou, en d'autres termes, qu'il s'agisse d'un pacte implicite pour ne pas le résoudre et de pouvoir dire en silence « qu'il n'y a aucune solution ».

Plus de vingt-cinq ans après avoir commencé mon métier en tant que psychologue, je peux dire que ce qui me stimule le plus dans ma profession, ce sont les défis, les cas difficiles, et surtout les psychopathologies considérées chroniques. Et pas seulement parce qu'il s'agit d'un défi intellectuel, mais aussi parce que la plus grande satisfaction pour un thérapeute est de libérer une personne de la souffrance.

Je me permets d'écrire ce livre, parce que je crois que le trouble obsessionnel peut être guéri dans la grande majorité des cas. J'ai, et nous avons, dans notre centre, des patients qui y sont pleinement parvenus, d'autres qui l'ont réduit à des niveaux insignifiants, d'autres qui se sont considérablement améliorés et, évidemment, il y a aussi des cas résistants et j'y travaille pour ne plus en avoir.

Et si ce n'était pas le cas, je ne l'affirmerais pas avec une telle certitude. Ce ne serait pas honnête de ma part, et cela me semblerait être une énorme tromperie pour des gens qui souffrent, parfois, avec une grande intensité.

Ce livre s'adresse à eux, à leurs familles, aux psychologues et aux psychiatres qui peuvent quitter la doctrine officielle prédominante, et à tous ceux qui, pour une raison ou une autre, veulent connaître les clés du développement, de l'enracinement et de la dissolution du trouble obsessionnel.

Comment en suis-je arrivé à ces conclusions ?

Comme dirait Poirot, le détective belge excentrique créé par Agatha Christie :

- *Observez sans préjugé, simplifiez au maximum votre regard et peut-être que vous pourrez « voir » l'évidence, ce qui se cache derrière l'apparence : « L'âme noyée. »*

1. QU'EST-CE QU'UN TROUBLE OBSESSIONNEL ?

Un trouble obsessionnel, compulsif ou non, est une maladie **psychologique** qui se manifeste par des idées répétées autour d'un ou plusieurs problèmes et qui, dans les cas où l'anxiété est plus élevée, peuvent produire des actes compulsifs ou rituels, qu'ils soient comportementaux ou mentaux, afin de contenir les peurs qui vont avec ces pensées.

Mais si l'on résume bien, on peut dire qu'un trouble obsessionnel / compulsif est une manifestation pure et dure d'un niveau très élevé d'anxiété.

Par conséquent, voici la première classe de raisonnement : si nous parvenons à réduire considérablement cette anxiété, dont nous sommes certains qu'elle échappe à tout contrôle pharmacologique, cognitif ou comportemental, nous pourrons commencer à réduire les manifestations obsessionnelles. Et si nous faisons disparaître l'anxiété, nous pouvons faire disparaître les obsessions.

Les rituels tels que nettoyer encore et encore, ouvrir et fermer la même porte plusieurs fois, compter... sont des exemples de compulsions qui indiquent la gravité du trouble obsessionnel, dont la personne souffre.

2. Comment survient un trouble obsessionnel ?

a. Conditionnement phylogénétique

A la fin de la quatrième année de Psychologie, ma professeure de biologie, Dr Segarra, nous a dit d'un ton solennel : « *Et souvenez-vous toujours, que l'être humain n'est rien de plus qu'un primate avec un vernis culturel.* » A cette époque, alors que j'avais déjà une vision plus transcendante, c'est à dire plus spirituelle de l'existence humaine, peut- être motivée par mes propres envies, je pensais que c'était une idée excessivement réductionniste et que l'être humain c'était bien plus. Plus tard, j'ai réalisé que la plupart des théories psychologiques regorgeaient d'aspects cognitifs et inconscients, mais que peu, voire aucune, ne prenait en compte le primate qui sous-tend chacun de nous et que dans une civilisation aussi névrosée que la nôtre, ne pas le faire, pouvait impliquer une grande difficulté pour résoudre un trouble psychologique.

Nous pouvons dire que la phylogénétique, c'est l'étude du développement humain depuis l'origine du temps, du Big Bang à nos jours. Le développement de notre ADN a subi de nombreuses mutations tout au long de notre histoire en tant qu'espèce, jusqu'à ce que nous devenions ce que nous sommes aujourd'hui. Il existe une mémoire génétique qui prend en compte tout ce processus historique, et si l'on considère que la civilisation humaine a commencé il y a environ dix mille ans, on peut comprendre que dans notre ADN prédomine encore des composants pré-civilisationnels. Ainsi, notre système limbique et notre cervelet dominent encore les processus cognitifs, au niveau comportemental, produits par le cortex cérébral.

Par conséquent, la phrase lapidaire de l'enseignante, sans être, à mon avis, tout à fait exacte, a néanmoins un élément essentiel à prendre en considération. À savoir le fait que nous sommes aussi, et peut-être encore fondamentalement, des primates - en plus d'avoir la possibilité de développer l'intelligence, la conscience et la spiritualité. Et cela signifierait que si le primate n'est pas un tant soit peu libéré dans sa condition biologique et à l'aise dans son espace bio-social, il ne pourra pas accéder aux conditions intellectuelles supérieures qui se sont développées au cours de l'histoire.

Dans la plupart des troubles obsessionnels, le logos (la raison), le cortex cérébral a supplanté le primate. C'est comme bloquer la partie la plus substantielle de notre configuration biochimique. Par conséquent, l'une des premières actions thérapeutiques que nous devrions prendre dans le cas de ce trouble, c'est ce que nous pourrions appeler en le simplifiant, « libérer le singe » (le cerveau reptilien) que nous portons tous en nous.

b. Le conditionnement ontogénétique

L'ontogénétique implique l'ensemble du processus qu'un individu traverse, depuis le moment où il est fécondé à ce jour. Il n'y a pas encore d'études sérieuses sur l'importance du moment de la fécondation, c'est-à-dire sur les conditions environnementales, sociales, physiques des géniteurs, mais il y a des études sur le développement pendant le processus de gestation. L'état émotionnel et physique vécu par la mère est transmis d'une manière ou d'une autre au fœtus. En médecine, on conseille pendant la grossesse de « ne pas fumer, ni boire d'alcool, ni prendre certains médicaments ou drogues », mais l'état émotionnel de la mère est tout aussi important. Par exemple : S'agit-il d'une grossesse désirée ? La situation économique est-elle adéquate ? Les relations de la mère et du père du bébé sont-elles équilibrées avec les familles respectives ? La femme est-elle bien intégrée dans la communauté ? La réponse affecte le fœtus d'une manière ou d'une autre au niveau biochimique, de telle sorte que, par exemple, un niveau de stress très élevé chez la mère peut générer une tendance à l'irritabilité nerveuse du futur bébé, au-delà des prédispositions génétiques dont le bébé héritera. Par conséquent, l'enfant naîtra déjà avec un certain niveau de conditionnement qui continuera plus tard à l'affecter dans son développement prématuré. Ainsi, le lien affectif surtout avec la mère, l'environnement familial et la stabilité nerveuse que cet environnement manifeste, vont être fondamentaux pour établir des conditions neurologiques adéquates afin de créer une tranquillité d'esprit suffisante, et seront indispensables pour son développement. Au fur et à mesure que le bébé atteint l'âge adulte, l'impact du monde extérieur se réduit progressivement, c'est-à-dire qu'une situation traumatisante à trois ans n'a pas la même influence psychique qu'à quatorze ans.

Parce qu'à un âge aussi précoce, il n'y a pas de possibilité d'élaboration cognitive des événements, comme le montre cet exemple : si un enfant de deux ans vit dans un pays dévasté par la guerre, où les bombardements sont continuellement entendus et où les adultes sont dans un état d'anxiété permanent, il est très probable que cet enfant va générer un effondrement de son système nerveux qu'il percevra à peine jusqu'à l'âge adulte. La peur aura imprégné son système limbique à un niveau très subconscient. Mais durant le reste de son enfance, il vivra avec une tranquillité apparente comme de nombreux enfants même s'ils ont vécu des situations terribles. C'est à partir de l'adolescence que ça commencera à se manifester. Et selon les stratégies que le sujet développera et la protection qu'il obtiendra de l'environnement dans lequel il vit, cela pourra se manifester avec plus ou moins d'intensité. Dans de nombreux cas de troubles obsessionnels, j'ai pu observer la présence d'événements traumatisants dans l'enfance ou l'adolescence, tels que les abus sexuels, les accidents graves, la perte soudaine d'un parent, ainsi que des circonstances stressantes de longue durée, comme le harcèlement scolaire, les abus psychologiques ou les mauvais traitements par les parents, l'isolement émotionnel, la vie dans un environnement hostile où les parents manifestent leur haine mutuelle de façon permanente, les carences émotionnelles graves, les carences nutritionnelles, des parents présentant des troubles psychologiques importants, alcooliques ou toxicomanes. Cela produira un effondrement du système nerveux et pour survivre dans cet état de tension permanente, l'enfant l'inhibera, le réprimera automatiquement.

Nous pouvons déduire, l'importance du développement d'une personne, surtout dans les premiers stades de son développement, qui comprend la grossesse et les premières années de la vie jusqu'à l'adolescence. Je serais en mesure d'affirmer que la plupart des troubles obsessionnels sont générés au cours des quinze premières années de la vie d'une personne, même si parfois ils ne commencent pas à se manifester au plus jeune âge. En référence au paragraphe précédent, on dira que l'enfant ou l'adolescent « réprime sa part plus instinctive en essayant de tout contrôler mentalement afin de ne pas générer plus d'anxiété ou de peur ». Par exemple : imaginons une fillette de trois ans vivant avec ses parents dans une situation de pauvreté, et où les parents se disputent souvent, crient et parfois se menacent physiquement. Face à la terreur que produit cette situation chronique, l'enfant développe inconsciemment une stratégie qui consiste à se concentrer sur certains de ses jouets, en essayant de s'isoler pour ne pas voir ce qui se passe. Cette fillette apprend à contrôler une situation, qui pourrait la submerger si elle ne le faisait pas. Concentrons-nous sur le mot contrôler. Dès son plus jeune âge, elle perdra son naturel et sa spontanéité pour commencer à « contrôler » sa vie. Cet apprentissage prématuré marquera son passage à l'âge adulte, où elle tentera probablement et inconsciemment de contrôler tout ce qui se passe. Je simplifie un peu, mais ce que je veux insinuer, c'est qu'à l'enfance et à l'adolescence, le futur patient atteint de trouble obsessionnel a déjà appris à remplacer ses « impulsions naturelles » par son « intellect ». La question pour lui, pour elle ou pour le futur thérapeute dont il ou elle a besoin, est de savoir comment lui redonner l'instinct perdu ? C'est là qu'on va se concentrer et à l'avenir, je suis convaincu que toutes les thérapies visant à guérir un problème obsessionnel devront s'y baser.

3. La gradation pathologique :

a. Prédisposition génétique

C'est avec certitude, tout comme l'affirment de nombreux généticiens, qu'on peut dire que dans la plupart des pathologies physiques ou psychiques, la génétique prédispose mais ne condamne pas. En l'expliquant avec un simple exemple, ce serait comme dire que quelqu'un qui a un foie génétiquement vulnérable ne peut pas développer de maladie s'il prend soin de son régime alimentaire, ne boit pas d'alcool ou le fait avec modération.

Dans le cas qui nous intéresse, c'est exactement la même chose. Il est probable qu'un grand nombre de personnes affectées par des manifestations obsessionnelles peuvent avoir un ADN vulnérable qui a tendance à activer cette maladie, mais ils ne vont pas nécessairement en souffrir. Et, si cela s'est déjà produit, on peut réduire les facteurs de stress et surtout activer d'autres aspects de la personnalité pour pouvoir l'**atténuer**.

b. Émotions refoulées

Avant d'arriver à un trouble obsessionnel-compulsif, la personne est passée par différents stades pathologiques, dont certains avec ou sans symptomatologie minimale. Il faut savoir que l'incubation de ce que sera ce trouble dans le futur commence, comme je l'ai déjà dit, à un moment de l'enfance ou au plus tard, à un moment de l'adolescence.

Prenons un exemple imaginaire mais prototypique : Louis vit avec ses parents qui se disputent continuellement. Parfois, il entend son père dire à sa mère, « je vais te tuer », et la mère menace alors de quitter la maison. Louis a cinq ans et vit avec ça depuis qu'il a l'âge de raison. Comme le stress environnemental est permanent, il a appris à ne pas les interrompre, et tout faire pour ne pas déranger ou importuner ses parents. Parfois, il éprouve le désir de vouloir jouer avec son petit piano électrique à la maison, mais il sait que cela peut éveiller l'irritabilité d'un de ses parents. Il essaie de pleurer le moins possible et à l'école son comportement est exemplaire, mais les enseignants ont averti les parents que l'enfant était trop timide, et qu'il était très inhibé dans ses relations avec ses camarades de classe. Dans ces moments-là, Louis est probablement en train de créer un blocage psychobiologique et s'il ne peut pas s'en libérer, il finira par générer une personnalité obsessionnelle. Et, selon les circonstances qui arriveront dans sa vie, cela peut être bien plus grave. Pour clarifier ce qui a été dit dans le paragraphe précédent : il est possible que la prédisposition génétique de Louis le fasse agir avec une attitude inhibée, alors que d'autres enfants auraient probablement pleuré, crié, agi avec un comportement rebelle, ce qui aurait produit beaucoup plus d'instabilité et de tension à la maison, de réprimandes de la part des parents, mais cela l'aurait sauvé de ce possible trouble dans le futur. En résumé, nous disons que les pulsions, les instincts et les émotions exprimées (dans l'enfance, à l'adolescence) sont presque une garantie qu'un trouble obsessionnel ne se développera pas dans l'avenir.

c. Anxiété, angoisse, tristesse, haine et colère

Lorsque nous parlons d'émotions refoulées, nous parlons essentiellement de ces cinq éléments. Il est vrai que l'anxiété n'est pas une émotion, mais c'est le symptôme de la non-fluidité des autres. Chaque fois que nous ressentons de l'anxiété, cela signifie qu'une émotion basique a été ou est subie. L'expression de la tristesse est parfois inhibée par l'absence de récepteurs appropriés. Un enfant pleure s'il sait que quelqu'un dans l'environnement va le réconforter. Si l'environnement est indifférent ou si quelqu'un le gronde, l'enfant apprendra à ne pas montrer de tristesse. Il en va de même pour l'affection. Il existe des environnements familiaux non affectifs pour différentes raisons. Dans certains cas, c'est à cause d'une question de statut qui fait penser que la démonstration d'affection est une faiblesse qui, à la longue, rendra la personne vulnérable et donc manipulable. Dans d'autres cas, soit c'est parce qu'il ne sait pas directement comment l'exprimer, soit c'est parce que l'environnement y est hostile.

En revanche, l'angoisse est un mélange d'anxiété et de tristesse qui peut presque toujours être libérée par les pleurs. J'insiste sur l'idée qu'il existe des environnements qui, pour différentes raisons, rendent impossible l'expression de ces pleurs. Et enfin, parlons de colère, de rage et de haine. Mes patients, et ceux qui l'ont été, m'ont expliqué que ce sont ces émotions qu'ils ont le plus refoulées. Il n'y a rien de plus terrible que d'être humilié, harcelé, contrarié, insulté et de ne pas pouvoir ou être incapable de se défendre. Parce que cela va supposer un blocage très fort des émotions qui générera beaucoup d'anxiété, sans que cela se manifeste.

Je me souviens qu'à une occasion, j'ai été témoin de la scène suivante :

Un enfant d'environ cinq ans jouait dans le parc avec d'autres enfants, il s'est soudain approché de son père en pleurant et en lui disant : « Papa, on m'a insulté et tapé. » Le père lui répondit : « Eh bien, retourne là-bas et défends-toi, parce que si tu ne le fais pas, c'est moi qui vais te frapper. » Je vais vous sembler politiquement incorrect, et j'en suis habitué, mais cette phrase me semblait la plus sensée qu'un père puisse dire à son fils. Le message implicite était : « Je suis ici pour te protéger, donc tu peux aller te défendre en toute sécurité » et, surtout, « sois capable d'exprimer tes impulsions primaires ». Il est préférable que l'enfant revienne à nous après avoir reçu un coup par un compagnon de jeux, qu'après avoir été passif. C'est pourquoi, dès leur plus jeune âge, les filles et les garçons doivent apprendre à s'exprimer et à se manifester. Évidemment avec des limites, car nous ne pouvons pas laisser un enfant agressif frapper continuellement les autres, ou laisser un enfant pleurer pour une raison quelconque. Nous devons l'éduquer dans la gestion de toutes ces émotions, mais jamais dans la répression.

d. Personnalité obsessionnelle

Quand j'allais à la bibliothèque pour écrire, j'avais une curieuse habitude de rencontrer de jeunes étudiants universitaires avec cinq marqueurs de couleurs différentes : jaune, rose, vert, bleu et orange. Si l'un d'entre eux s'asseyait près de moi, le bruit continu de l'enlèvement et de l'enfilage des capuchons des marqueurs devenait irritant. Et c'est pourquoi, j'essayais de les repérer avant de m'asseoir près d'eux. *Ce mot en rose, celui-ci en vert, la phrase suivante en orange...* C'était comme un code crypté qu'eux seuls pouvaient déchiffrer.

J'imagine aussi que chaque couleur représentait quelque chose de différent, qui pouvait passer de quelque chose de non important à quelque chose de très important. Sans que personne s'y inquiète, parce que cette habitude est assez courante chez certains jeunes. On peut dire qu'il s'agit d'un comportement clairement obsessionnel, ce qui ne signifie pas qu'il soit pathologique.

Ajoutons d'autres comportements : les personnes qui recopient au propre leurs notes, en créant des dossiers pour chaque cours. Ou la personne qui est toujours bien organisée chez elle, qui trie ses livres par ordre alphabétique, ou qui range ses vêtements par couleurs, et ainsi de suite. Il y a mille et un cas de comportements assez obsessifs sans être considérés comme des troubles. Il n'y a pas si longtemps, par exemple, il était courant dans certaines familles de différents niveaux socio-économiques d'avoir une pièce inutilisée dans la maison, simplement bien rangée comme pour une exposition. C'était typique des familles de l'aristocratie ou de la haute bourgeoisie qui avaient des salles qui étaient utilisées seulement pour des occasions spéciales, et cela s'est ensuite étendues à d'autres secteurs de la population.

Et nous pouvions alors nous retrouver dans des appartements de soixante-dix mètres carrés, où l'on entrait dans les salons seulement à quelques occasions. C'est un autre exemple qui montre les traits obsessionnels des propriétaires ou du moins de certains d'entre eux.

La personnalité obsessionnelle manifeste aussi souvent une anxiété d'anticipation sérieuse, car il est nécessaire pour elle de contrôler tout ce qui se passe autour et ce qui pourrait se passer. Elle essaye de planifier sa vie, et fait tout pour éviter qu'il y ait des imprévus.

e. Névrose obsessionnelle

Il y a une ou deux décennies, la névrose obsessionnelle et la névrose hystérique étaient des pathologies constitutives du mode de vie occidental. Depuis la psychopathie et le narcissisme ont pris le dessus. En terme familier, les névrosés obsessionnels sont des personnes qui sont continuellement attentifs à leurs actes, à ce qu'ils représentent pour les autres, et aux conséquences possibles. C'est, comme s'il s'agissait d'un casting en continue. La différence avec le moment présent, où le narcissisme prédomine comme je l'ai dit, c'est que maintenant l'auto-conformité et l'auto-évaluation se répandent sur ce qu'on est. À tel point que dans la dernière enquête sur le narcissisme qui est menée de temps en temps aux

États-Unis on a demandé à de jeunes gens dans la vingtaine, quel était le personnage ou la personne qu'ils appréciaient. La réponse majoritaire était : « Moi ».

À la différence de cette partie narcissique de plus en plus répandue (qui rend les gens très vulnérables à la frustration et qui sont extrêmement réactifs), le névrosé obsessionnel est en conflit permanent avec lui-même, avec ses actes et ses pensées. Il remet tout en question. Si, à un moment donné, il a élevé la voix dans une conversation, se permettant d'exprimer brièvement son désaccord avec quelque chose qui a été dit, il peut rester le reste de la journée à se blâmer ou à se sentir mal d'avoir fait cela. Il y a beaucoup de littérature psychologique sur la névrose obsessionnelle, qui inclut des explications allant de la répression sexuelle, y compris les tendances vers le même sexe, à des éléments d'ambivalence, des interactions affectives, en passant par d'autres théories de toutes sortes.

À mon avis, le névrosé obsessionnel est quelqu'un qui a passé la majeure partie de sa vie à réprimer ses besoins fondamentaux, tant émotionnellement que dans l'expression de ses pulsions. En d'autres termes, on devient un névrosé obsessionnel après être passé par les trois points précédents, qui composent ce chapitre.

Et selon la théorie de Jung, il y a aussi les complexes. Nous comprenons par complexe, une invasion de « contenus étrangers » qui n'ont pas pu être élaborés par la psyché. Par exemple, quelqu'un affecté par un complexe paternel, nous indique que cette personne a intériorisé certains facteurs caractéristiques et la personnalité de son père sans les avoir élaborés dans son propre développement de la personnalité. De telle sorte qu'il y ait une identification massive, bien qu'inconsciente, avec la figure paternelle, qui à certaines occasions peut être en profonde contradiction avec sa propre identité, non développée.

C'est pourquoi, la personne qui souffre de ce complexe peut vivre dans un conflit latent qu'elle n'a pas forcément révélé, d'où le contrôle excessif sur toutes ses habitudes.

Imaginons un père rigide, conservateur et autoritaire et un fils dont le tempérament génétique le conduirait dans un développement naturel à une expérimentation vitale avec toutes ses conséquences. Si les aspects psychologiques du père ont imprégné la psyché du fils, il va devoir réprimer sa véritable tendance lunatique afin de ne pas être en conflit avec le complexe. Que fera-t-il ? Réfléchir avant d'agir. Mais réfléchir jusqu'à ce que la spontanéité disparaisse.

L'une des caractéristiques de l'obsession, à tous les degrés, est de remplacer la spontanéité par le contrôle. Nous verrons que dans le trouble obsessionnel-compulsif, cela s'exprime au plus haut niveau. Nous avons commencé cette section avec l'idée que l'Occident s'est définie selon ces deux schémas : la névrose obsessionnelle et la névrose hystérique. Je vais aborder brièvement la névrose hystérique en disant que c'est la tendance à l'expression des conflits psychiques à travers le corps, spécialement ceux de nature sexuelle, mais aussi ceux affectifs.

f. Trouble obsessionnel

Le trouble obsessionnel survient, lorsqu'au fil du temps, la personne n'a trouvé aucun moyen de s'échapper pour libérer ses pulsions, pour débloquer un système nerveux détruit. L'anxiété et la répression accumulée sont telles que cet effondrement conduit cette personne à un état de tension interne si élevé que chaque mot, phrase, fait, circonstance qui l'affecte peut rester coincé dans son esprit et devenir une pensée répétitive qui ne cesse jamais. C'est la manifestation la plus claire de ce que nous pourrions appeler la prison mentale, où la pensée consciente serait le gardien geôlier et où le contenu obsessionnel serait le cri envoyé par l'inconscient pour se libérer.

Quel inconscient ? Le système limbique et le cervelet sont tous les deux enfermés dans un donjon, cherchant continuellement à se libérer de la tyrannie du cortex cérébral. Alors, que devons-nous faire ? Nous devons renforcer et donner du pouvoir au système limbique et au cervelet pour qu'ils puissent se rebeller fortement, afin de renverser la tyrannie que représente la pensée consciente. Nous n'allons pas apprendre au patient à vivre dans le donjon ou à s'y contenter. Nous allons débloquer les forces primaires pour qu'une véritable révolution puisse avoir lieu, mais nous parlerons de tout cela plus tard.

g. Trouble obsessionnel-compulsif

Nous sommes au plus haut niveau de la pathologie quand il s'agit de problèmes obsessionnels. C'est probablement le trouble psychologique qui cause le plus de souffrance à une personne. Ici, le niveau d'obsession à propos d'un problème en particulier ou d'un mécanisme développé par l'esprit est si élevé que, pour pouvoir l'arrêter, l'individu a développé une série de rituels dans la conduite ou dans la pensée. Et ce n'est qu'en les faisant, que ça lui permet de quitter pour un bref moment ce contenu d'idées obsédantes.

Dans le film « *Pour le pire et pour le meilleur* » (James L. Brooks, 1997), mettant en vedette Jack Nicholson, on voit clairement comment une personne atteinte de ce trouble agit. Un des exemples clairs, c'est quand il compte les carreaux, en essayant de ne pas marcher sur les lignes qui les séparent. Certaines personnes ont besoin de se laver les mains plusieurs fois de suite, d'autres doivent faire une sorte de rituel en retirant et en replaçant un objet au même endroit un certain nombre de fois ou en se touchant certaines parties du corps dans un ordre spécial. Il y a des possibilités infinies de ritualisation pour que l'esprit, puisse « se reposer » même brièvement.

En résumé : Quelle est la symptomatologie d'un trouble obsessionnel ?

Dans le Trouble obsessionnel

Dans ce cas, la symptomatologie consiste à avoir la même pensée, à répéter le même mot, à avoir une discussion sans fin d'une situation qui a produit un conflit, ou à accomplir une sorte d'acte mental concret (comme ajouter des nombres, les multiplier, chercher un certain montant, ...).

Dans le Trouble obsessionnel-compulsif

Dans ce cas, on y ajoute en plus un rituel ou un acte qui arrête momentanément la pensée. Dans les deux cas, il existe différents niveaux de gravité. Il y a des personnes chez qui le symptôme apparaît brièvement et ponctuellement. Et il y a d'autres personnes qui ne peuvent s'arrêter de penser, et cela les conduit à l'épuisement énergétique avec une fatigue si intense que certains préfèrent rester dormir ou se reposer toute la journée. Dans ces cas, il est essentiel de libérer rapidement les émotions et les impulsions pour leur permettre de faire face à la terrible dictature contrôlante, exercée par une pensée consciente qui a empêché toute possibilité de vie.

4. Les types de contenu recurrents :

a. Être homosexuel

L'un des contenus les plus courants et les plus actuels des troubles obsessionnels est l'homosexualité. Des hommes et des femmes hétérosexuels, vivant une vie hétérosexuelle, et qui n'avaient jamais ressenti d'attirance pour des personnes du même sexe, soudainement un jour après un événement apparemment anecdotique, pensent qu'ils pourraient être homosexuels en trouvant attirante une personne du même sexe qui passait dans la rue. L'impact est tel que la biochimie de la personne semble être altérée pendant quelques secondes et à partir de ce moment-là, le doute peut être enregistré. Puis, en présence de tout individu attirant du même genre, que ce soit en réalité, à la télévision, au cinéma... l'incertitude réapparaît.

Le doute altère tellement le système nerveux qu'il y a des gens qui en sont venus à ressentir une certaine sensation dans la zone génitale, augmentant encore plus leur angoisse face à la possibilité que cette tendance soit une réalité qu'ils ne veulent pas accepter.

Avant de poursuivre, je pose la question suivante : pourquoi aucune personne homosexuelle, acceptant ou non sa propre homosexualité, a des pensées obsessionnelles à ce sujet ? J'ai déjà traité des homosexuels atteints de troubles obsessionnels, mais dont le sujet de la sexualité ou de l'orientation sexuelle n'avait jamais été le motif récurrent de la pensée. En plus, les tendances sexuelles sont « inévitables », et peuvent être gérées de nombreuses façons, mais ce que personne ne peut faire, c'est se mentir. Les psychiatres américains Masters et Johnson ont décrit à l'époque que la population était répartie selon une gradation de l'orientation sexuelle qu'ils ont énoncée entre 1 et 7, allant de l'hétérosexualité pure à l'homosexualité pure, et en passant par différents niveaux de bisexualité. Ça avait provoqué à l'époque un certain scandale dans la population américaine. Mais en fait, c'est une répartition assez correcte de la population, qui avait déjà été précédemment formulé par Kinsey, allant d'un pourcentage plus élevé à un pourcentage plus bas d'hétérosexualité pure à une homosexualité pure.

On sait qu'environ dix pour cent de la population masculine est homosexuelle, et environ cinq pour cent pour la population féminine. Et la seule chose qui différencie leur visibilité ou non, est le type de société dans laquelle ils vivent.

En traitant mes premiers patients obsédés par le thème homosexuel, je me suis posé cette question : « Sont-ils des homosexuels qui s'ignorent, ou sont-ils effrayés ou terrifiés par la possibilité de découvrir ces tendances en eux ? » J'insiste une fois de plus que la grande majorité de ces patients ont une vie sexuelle satisfaisante avec des personnes du sexe opposé. Mais il y a quelque chose qui me frappe fortement : ils étaient tous extrêmement moralisateur. Par exemple, pour eux l'infidélité est quelque chose de très grave.

Cela les différencie de certains hétérosexuels, beaucoup plus détendus sur ses principes, qui acceptent la possibilité d'avoir des rapports sexuels avec une autre personne, en dehors du couple, d'une manière plus ludique et plus souple. Alors que se passe-t-il ?

Ouvrons une parenthèse et revenons sur l'idée de la prison et du geôlier. Imaginons que nous ayons des impulsions primaires, y compris des impulsions sexuelles, terriblement réprimées en raison d'un effondrement dû aux causes mentionnées. Rappelons-nous : des circonstances environnementales stressantes ou un impact traumatique vécu à un moment de l'enfance ou de l'adolescence.

Ces principales pulsions incluent la sexualité. C'est pourquoi la sexualité est réprimée, mais à un niveau inconscient il y a un désir de se libérer.

Et c'est précisément l'inconscient, la zone biochimique de notre cerveau, qui va commencer à envoyer des messages tourmentés : « Suis-je gay ? Est-ce que j'aime cet homme ? Est-ce que j'aimerais faire une fellation à un autre homme ? » etc.

Pourquoi ces messages apparaissent-ils ? Parce qu'il y a une partie de la personne obsessionnelle qui se révèle contre tant de répression, contre tant de préjugés et contre tant de peur vitale. Mais quelle est cette partie ? L'homosexualité refoulée ? NON. C'est la vitalité, l'affirmation de soi, les instincts et la liberté qui sont refoulés. C'est-à-dire que vous avez cessé de vivre et vous ne faites que penser. Vous ne vivez pas, vous y pensez trop et votre inconscient cessera de vous déranger que lorsque vous vivrez en étant radicalement honnête avec vous-même.

Pour l'illustrer, imaginez un adolescent qui aime les filles, mais il est trop timide, inhibé, formel et très obéissant envers ses parents, et ses camarades de classe commencent à le harceler en l'insultant, ce qui remet en question son orientation sexuelle. D'une manière très élémentaire, et bien sûr injustifiable, ses camarades de classe le poussent à adopter une attitude plus décisive à l'égard des filles, le forçant à se libérer et à se montrer plus confiant face à l'autre sexe. Ce jeune homme peut faire deux choses : se bloquer de plus en plus et finir par s'isoler, ou surmonter le défi, avoir une attitude plus courageuse et essayer de tisser des liens plus sûrs avec les filles. C'est la même chose que la pensée homosexuelle obsessionnelle. Ce n'est rien de plus qu'une attaque de l'inconscient lui-même. Et je le répète, pour que celui qui en souffre libère son hétérosexualité, sa masculinité sans complexes, et devienne plus déterminé, plus libre, plus audacieux et moins partial.

Pourquoi les homosexuels n'ont-ils jamais de contenu obsessionnel concernant l'homosexualité, et pourquoi les hétérosexuels en ont ?

Je n'ai jamais, comme je l'ai dit, traité un homosexuel avec des obsessions homosexuelles, et je n'ai jamais n'ont plus traité un hétérosexuel qui est devenu homosexuel, car il avait des obsessions de type homosexuel. Je sais que tous ceux qui ont ce problème pensent qu'ils sont peut-être l'exception. Mais NON. Il n'y a pas d'exception.

Et pourquoi les homosexuels n'ont-ils pas de peurs homosexuelles obsessionnelles ? Pour une raison très logique: parce qu'il n'y a pas de conflit entre la tendance naturelle de leurs pulsions et le contenu de la pensée. Ce serait absurde. Serait-on en conflit parce que nous aimons les pommes et que vous en avez une devant vous ? Non.

D'ailleurs, j'ai une petite clarification à faire. Tant l'homosexualité que la bisexualité, ce sont des tendances sexuelles normales, sans aucune composante pathologique, et elles ont toujours existé dans une partie de la population, dans chaque culture et époque historique. Les sociétés répressives où les gens le vivent secrètement, c'est différent. Il est vrai que l'excès de promiscuité et de compulsion sexuelle avec lequel on vit aujourd'hui me semble pathologique. Mais c'est une autre histoire.

b. Faire du mal à quelqu'un

On pourrait dire qu'il s'agit du deuxième point le plus important, en ce qui concerne le contenu des troubles obsessionnels. Des gens qui craignent de pouvoir faire du mal physiquement à quelqu'un, que ce soit en perdant le contrôle à un moment donné, en l'agressant au couteau, en le renversant, en le frappant, en mettant le feu chez lui, en le jetant sur la voie du métro, etc. En réalité, cette peur signifie une fois de plus une pulsion refoulée. Dans le cas présent, il s'agit clairement d'agressivité.

La répression continue de l'agressivité, dérivée d'un environnement familial ou scolaire spécifique, génère un blocage « anxiogène » qui finit par se traduire en pensée. Nous avons déjà parlé de familles rigides et autoritaires ou d'intimidation scolaire. Par conséquent, chaque fois qu'il y a une crainte de blesser physiquement quelqu'un, il s'agit d'une personne qui réprime son agressivité.

Mais cette répression ne signifie pas que l'agressivité accumulée est très élevée. Ce qui se passe, c'est qu'elle n'a probablement pas la moindre capacité de l'exprimer. Prenons l'exemple d'un adolescent qui dit à un autre : *Es-tu stupide, qu'est-ce qui ne va pas chez toi* ? Et l'autre adolescent, au lieu de lui répondre : *L'imbécile c'est toi*, par exemple. Il s'inhibe... et qu'est-ce qui finit par arriver ? Ce manque de réponse peut se transformer en haine intérieure, due au sentiment d'impuissance, envers le garçon qui l'a interpellé. Si cela se produit plusieurs fois, avec différentes personnes et sur une longue période de temps, la personne peut avoir complètement inhibé non pas l'expression de son agressivité, mais celle de son assurance, celle pour dire clairement ce qu'elle pense ou celle pour répondre quand elle se sent attaquée verbalement. C'est précisément à cause de cette accumulation de répression, qu'il arrive un moment où s'activent des fantasmes agressifs qui apparaissent d'une manière très exagérée dans l'imaginaire de l'obsessionnel.

c. Peur d'être un pédophile

Un autre des grands fantasmes obsessionnels, et l'un des plus torturants pour la personne qui en souffre, c'est la peur de vouloir ou d'être excité sexuellement avec des enfants, surtout avec ses propres enfants.

Cette peur peut devenir paralysante, conduisant la personne à éviter tout contact avec ses propres enfants, surtout les voir nus, même s'ils sont très petits. Quand un parent avoue cela, il craint terriblement qu'on, moi dans ce cas-ci en tant que thérapeute, le juge mal en pensant qu'il s'agit d'un pervers sexuel.

La peur d'être pédophile est très semblable à la peur d'être homosexuel, (je précise encore une fois que la pédophilie est une pathologie et que l'homosexualité ne l'est pas) mais le degré d'angoisse est encore plus grand, à des degrés, je le répète, intolérable pour ceux qui la subissent.

Dans ce cas, le degré de répression est très élevé. Et le conflit inconscient, à de nombreuses occasions, peut devenir très profond.

Chez certains de mes patients atteints de cette obsession, mais pas chez tous, j'ai pu observer quelque chose qui a fortement attiré mon attention : ils ont eu une enfance difficile soit parce qu'ils étaient maltraités physiquement ou psychologiquement, soit parce qu'ils avaient vécu dans des conditions de détresse affective ou physique. L'enfance a donc été laissée en suspens, et il se peut qu'une partie inconsciente et profonde d'eux soit incapable de donner ce qu'ils n'ont pas reçu : amour, patience et dévouement. Et ici, elle apparaît sous la forme d'une peur obsessionnelle : « en se demandant s'ils vont désirer sexuellement leurs enfants », qui se traduit par : « Ils doivent pouvoir recevoir l'amour qu'ils n'ont pas eu, la protection qu'ils n'ont pas eue, la liberté qu'ils n'ont pas eue, pour pouvoir aimer leurs enfants, ou les enfants en général, sans conflits étranges. »

Je répète ce que j'ai déjà dit dans le paragraphe précédent : tous mes patients atteints de cette peur obsessionnelle, j'en ai eu peu, sont tous des gens excellents avec un grand désir de s'en sortir afin de pouvoir aimer tranquillement leurs enfants. Ils ont pu éliminer ses pensées étranges et tortueuses, en ayant reconnu leurs besoins personnels et en ayant travaillé pour les obtenir.

J'ajouterais aussi que, dans certains cas, les femmes, mais surtout les hommes qui sont piégés dans une vie « avec des peurs », qui ont été surprotégés dans leur enfance, et qui suivent des modèles de comportement excessivement standardisés en essayant de s'adapter à une idée « parfaite » d'être de bons époux, de bons parents, de bons enfants et de bons employés peuvent atteindre un tel niveau de répression qu'ils finissent par mettre en cause des aspects instinctifs, comme l'objet du désir sexuel. Mais ce sont des doutes issus de leur inhibition, il n'y a aucun élément pervers d'aucune sorte. Et dès qu'ils sont capables de se libérer de tels modèles, ils commencent à réaliser qu'il n'y a aucune raison de s'inquiéter. Ils deviennent « forts » sur le plan sociobiologique, et la terreur d'une éventuelle pensée pédophile disparaît.

d. Que vont-ils penser ?

Il y a une ligne fine entre la névrose obsessionnelle et le trouble obsessionnel qui se manifeste par une pensée fondée sur l'idée d'avoir dit quelque chose d'inopportun, qui peut avoir offensé une personne ou commis un acte qui ne plaît pas à une tierce personne.

En général, ceux qui sont touchés par cette pensée ont tendance à être dans la catégorie précédente, celle de la névrose obsessionnelle. Mais, il y a ceux qui la poussent à l'extrême et ne peuvent s'empêcher de penser continuellement à ce qu'ils ont dit ou fait, devenant une pensée répétitive, plutôt qu'un conflit. Dans ce cas, il s'agit de personnalités peu sûres et immatures qui, bien qu'adultes, continuent d'avoir une attitude enfantine à l'égard des autres et de la société en général.

Cette attitude enfantine vient souvent d'une éducation surprotectrice et moralisatrice, qui crée des enfants extrêmement fragiles qui n'ont pas appris à s'activer pour être compétitifs dans la société dans laquelle nous vivons, une jungle en apparence civilisée. Ils ont beaucoup de difficultés à avancer et ils ont tendance à adopter la position de repli, car ils sont toujours en recherche d'approbation pour réaffirmer chacune de leurs actions. Dès qu'ils rencontrent des personnalités insaisissables ou peu diplomatiques, ils commencent à s'inhiber et deviennent de plus en plus en conflit.

Ajoutons que le conditionnement social génère également un niveau élevé de répression parmi les citoyens les plus vulnérables. Il y a deux idéologies tyranniques qui sont établies dans des zones géographiques différentes de la planète :

- En Europe : la tyrannie du politiquement correct. La liberté d'expression est gravement menacée par des forces politiques qui entravent la liberté d'opinion sur différentes questions. Ils exercent une pression énorme sur les citoyens et les médias pour qu'ils ne pensent et ne s'expriment qu'en certains termes, ne pouvant questionner aucun comportement individuel ou collectif sous peine d'être considéré comme incorrect. Cette tyrannie pousse le psychisme des citoyens dans le silence social et individuel, permettant que le laxisme, « l'angélisme » et la permissivité les plus absolus soient des valeurs prédominantes sur ce continent.

- En Amérique Latine : l'omniprésence dans certains pays de la morale chrétienne la plus stricte peut devenir suffocante. L'idée du péché menace toutes sortes de comportements libres qui, au lieu de s'exprimer d'une manière intégrée et calme, finissent par être vécus de manière compulsive. Le concept de Dieu est utilisé en tout et pour tout, et essentiellement pour réguler les conduites. Arrivant à angoisser de nombreuses personnes qui ne peuvent pas sentir la sensation de liberté qui contribue à une vie éthique, mais sans préjugés inutiles.

Nous devons être conscients de tout cela, et essayer de nous débarrasser des manipulateurs et des tyrans d'une manière ou d'une autre.

e. Le « qu'en-dira-t-on »

C'est un des plus grands facteurs conditionnant que tout être humain peut ressentir. Et en Occident, surtout dans la culture catholique, c'est très répandu d'agir selon un critère moral qui est supposé être partagé par nos concitoyens.

C'est-à-dire que dans l'imaginaire de beaucoup, le reste des habitants de leur communauté a une vision unique, commune sur les événements et c'est en général une vision très conservatrice. En l'analysant, nous nous rendons compte qu'elle n'a pas de logique, parce que chacun de nous perçoit la réalité d'une manière différente et donc nous aimons différents styles de vie et différents styles de comportement. Cela signifie que quel que soit l'acte produit par une personne, les spectateurs de ce moment auront une perception différente. Par exemple, si nous allons dans la rue et que nous voyons une personne vêtue d'une façon très excentrique avec des couleurs extrêmes, le jugement sera différent pour chacun des citoyens. Certains trouveront cette personne sympathique, d'autres grotesque ou ridicule, d'autres drôle ou originale. La même chose va se produire si quelqu'un agit de façon excentrique. Ou si, par exemple, deux personnes du même sexe montrent un amour passionné en pleine rue, il y aura des gens qui penseront que c'est romantique et d'autres qui trouveront cela vulgaire. Il est donc important d'être conscient que les gens ont des visions différentes de la réalité, des goûts différents, des sentiments différents, que nous ne pouvons pas plaire à tout le monde, quoi que nous fassions. Et qu'à cause d'une question « d'affinité biochimique », il y aura des gens qui seront très critiques envers nous et les autres vont aimer ou tolérer ce que nous faisons. Alors se débarrasser de ce qu'ils diront est un des premiers éléments de la liberté. Et peut-être l'un des contenus obsessionnels les plus répandus, même si ce n'est pas l'un des plus pénibles.

f. La culpabilité

Parmi les patients atteints d'un trouble obsessionnel, j'ai toujours observé que la question de la culpabilité était très présente, mais souvent sans aucun lien avec des événements spécifiques dans le passé. C'est comme si cette culpabilité ignorait la réalité, et avait des connotations existentielles. C'est une culpabilité immanente, que d'une manière ou d'une autre, la personne associe à certaines circonstances de sa vie, mais sans lien direct. Prenons l'exemple d'une personne qui a perdu un être cher quand il était enfant ou adolescent, et qui a généré un enchaînement d'événements qui l'amène à penser qu'en partie, il pourrait avoir commis cette mort, alors qu'en réalité ce n'est pas du tout le cas. Il est possible que la génération de cette culpabilité pourrait être due exclusivement au fait qu'un jour, il a ressenti de la haine envers la personne décédée avant que cela ne se produise. Il y a habituellement un code moral strict sous-jacent, dans tout ce qui est affecté par une obsession de culpabilité. Et la culpabilité ne peut être surmontée qu'en acquérant une vision plus complexe de l'existence et en activant l'Eros, les aspects dionysiaques de notre nature.

Nous verrons cela, prochainement.

Mais, il peut arriver qu'une personne ait commis dans le passé un acte dont elle éprouve des remords. Eh bien, à moins qu'il s'agisse d'un acte criminel grave (et non pas d'un vol de bonbons dans un magasin pendant l'enfance), et qu'il faille alors obtenir des aveux, on pourrait dire que cela relève du domaine des transgressions mineures ou majeures. Parfois ces transgressions sont produites inconsciemment ou impulsivement, ou parfois par un manque de maîtrise de soi. Dans ce cas, il faut comprendre que le processus de civilisation, comme l'a dit Carl Gustav Jung, psychiatre

et analyste suisse, exige une domestication continue de «
l'animal » chez l'homme. Ainsi, parfois, cette partie animale,
pulsionnelle, instinctive, agressive, incontrôlée, émerge et
génère une sorte d'action dont certaines personnes, avec l'âge
et une plus grande conscience, peuvent se sentir coupables.
Eh bien, il sera nécessaire de comprendre cette dimension de
notre nature et si cela n'a pas causé un préjudice vraiment
grave (faillite, mort, viol...), il faudra finalement avoir la
capacité de se comprendre, se tolérer, se pardonner.

L'expiation peut aussi être, pour certaines personnes,
un moyen de purger cette culpabilité grâce à un sacrifice
compensatoire. Par exemple, une personne qui se sent
coupable d'avoir offensé son père décédé ou de ne pas
avoir été présent quand il avait besoin de lui, peut décider
par compensation de devenir un bon professionnel dans
son domaine. En faisant par exemple, un véritable effort
pour atteindre l'excellence en l'honneur du père. Nous
comprenons cela, comme un processus d'expiation. Nous
pouvons donc dire que lorsque la culpabilité reste longtemps
dans le psychisme d'un individu, il faut essayer de trouver
une sortie philosophique, une sortie spirituelle, une sortie
pulsionnelle ou une sortie compensatoire. Selon la personne,
et pour chaque cas, nous pensons qu'il vaut mieux atténuer la
culpabilité d'une façon ou d'une autre. Parfois, ce sentiment
est aussi lié à des moments de l'enfance ou de l'adolescence
où l'on pense avoir fait quelque chose de « mal » et qui, à l'âge
adulte, est devenu un contenu obsessionnel. Par exemple, il
est très fréquent que des enfants ou des adolescents, parfois
du même sexe, produisent des jeux érotiques où il y a des
attouchements mutuels. C'est caractéristique d'une phase

d'exploration et de découverte de son propre corps et celui des autres. Et parfois, cela se produit entre frères et sœurs ou avec des amis d'enfance. Pour la majorité des gens qui ont vécu ces jeux, ils n'y accordent pas plus d'importance qu'une simple anecdote à l'âge adulte. En revanche, il y en a qui restent fixés dans cet événement, et pour certains jeunes adultes qui ont vécu cela, quand ils avaient sept ou huit ans avec un autre enfant du même âge, cela continue à les obséder. Pour eux, c'est comme s'ils avaient agi de façon perverse et maléfique, et c'est-là que commence le processus obsessif. Pourquoi chez la plupart des gens certaines choses ont peu d'importance, et pour d'autres ça devient une obsession ? Il y a évidemment, comme nous l'avons dit, une prédisposition génétique à une certaine vulnérabilité psychologique, qui implique une prédominance excessive de la raison consciente sur les pulsions de base de tous les êtres humains. Au lieu de la percevoir comme quelque chose de relativement naturel ou commun chez les êtres humains, elle est jugée par le filtre de la morale. En l'occurrence, il y a clairement une erreur cognitive qui doit être atténuée par une des sorties dont j'ai parlé, et dans ce cas-ci, pour avoir été un acte produit dans l'enfance par activation pulsionnelle. Mais je le répète par souci de clarté, ni la prédisposition génétique, ni la rigidité morale, ni un acte particulier accompli dans l'enfance expliquent à eux seuls l'apparition de la symptomatologie obsessive. Il faut qu'il y ait eu des déclencheurs d'une forte anxiété : stress chronique dans l'enfance ou l'adolescence, ou un impact traumatique à un moment donné pendant ces périodes.

g. Compter ou faire du tri

C'est déjà un autre niveau du trouble obsessionnel. Le rituel de la pensée ou du comportement a remplacé le contenu conflictuel. Ainsi, il s'est produit un masquage de la symptomatologie primaire plus proche au conflit névrotique - comme pour le thème de la possible homosexualité ou d'une possible agression - pour passer à une contrainte mentale ou comportementale.

La compulsion indique un niveau maximal d'anxiété compressée qui risque d'entraîner une paralysie énergétique de la personne atteinte. Dans ce cas, les contenus ont été ignorés et seule la compulsion reste un symptôme.

Lorsque des rituels mentaux (additionner, compter, se souvenir...) ou comportementaux (trier, nettoyer...) remplacent des contenus obsessionnels, nous sommes alors confrontés à un degré d'anxiété plus élevé, puisque la personne est complètement piégée par un blocage nerveux. Et ici, il deviendra plus urgent de la ramener à la *vie*.

5. Le contenu des pensées obsessionnelles est-il important ?

Oui, mais jamais littéralement. Le contenu des pensées obsessionnelles est l'arme utilisée par l'inconscient pour forcer l'individu affecté à se libérer de la tyrannie du contrôle exercé par la pensée consciente. Par conséquent, la nature des contenus aura toujours un rapport avec les facteurs bloqués, mais pas dans la même direction ni dans la même proportion que ceux indiqués par les obsessions. En d'autres termes, les idées homosexuelles indiqueront une répression d'une attitude vitale plus « masculine », non pas du point de vue sexuel mais du point de vue de l'audace. Les idées de nuire à quelqu'un symbolisent une répression de l'agressivité, et cela peut s'appliquer à d'autres cas. Il est donc nécessaire de considérer le contenu, mais il faut savoir en déchiffrer la signification dans chaque cas, sans tomber dans les généralisations.

6. QUE DEVRAIT FAIRE UNE PERSONNE ATTEINTE D'UN TROUBLE OBSESSIONNEL ?

Premièrement, il faut tenir compte de deux facteurs fondamentaux : le premier, déjà mentionné, c'est que la génétique prédispose mais ne condamne pas ; le second c'est que le psychisme humain est suffisamment flexible pour être guéri, même dans des cas très graves. La psychiatrie organiciste considère que ce trouble est chronique et que la seule chose que la personne atteinte peut faire est d'essayer d'y faire face de la meilleure façon possible en apprenant les directives   et techniques de contrôle, et en prenant les médicaments correspondants. Il est vrai que le protocole médical indique que l'association d'anxiolytiques et d'antidépresseurs ainsi qu'une thérapie comportementale ont, d'un point de vue statistique, donné quelques résultats chez la majorité des patients, réduisant leur symptomatologie pour une partie d'entre eux, alors que pour d'autres il n'y avait aucune amélioration.

Mais ce que je propose, c'est une autre approche, basée essentiellement sur l'activation et la focalisation pulsionnelle. Ainsi qu'un travail personnalisé sur les facteurs qui ont déclenché l'anxiété et la façon adéquate de la diminuer dans ce cas particulier.

Pour commencer, voici quelques idées :

Je vais donner quelques conseils simples qui ne guérissent pas, mais qui peuvent permettre à certaines personnes qui ont été dans l'obscurité de ce trouble pendant trop longtemps, de voir la lumière. Et surtout, d'initier la dissolution de l'anxiété.

a. Le sport

Faire un sport de compétition. Nous allons différencier deux types de travail physique, pour ce qui nous concerne. D'une part, le sport ou l'exercice physique qui n'exige pas une expression excessive de pulsions ou d'instincts, comme aller au gymnase, nager, faire du vélo ou courir seul. Et d'autre part, les sports clairement compétitifs où l'individu est en « lutte » avec les autres et contre les autres. Ces sports aident à manifester et à débloquer l'anxiété et le contenu refoulé. Par exemple en faisant du football, du rugby, du water-polo, des arts martiaux et surtout de la boxe. Avec ces derniers exemples, la personne n'a pas le temps de penser à ses contenus répétitifs pendant la compétition. Alors qu'avec les premiers, cela est possible.

En d'autres termes, les meilleurs sports pour une personne ayant un TOC sont ceux auxquels on n'a pas le temps de penser en les pratiquant, car il faut être instinctivement alerte et activer un certain niveau d'agressivité.

Je recommande fortement quatre types de sport :

• Boxe ou Kickboxing : Ce sont sans doute les meilleurs, dans ce cas présent. Pourquoi ? Parce qu'il faut affronter sa peur, son inhibition. Il faut surtout avoir un entraîneur qui sait guider et entraîner au combat. Puisqu'il viendra un moment, où il faudra « tout sortir » et même se défendre ou se blinder. Pour cela il faut se battre et cela signifie un changement psychique.

- Rugby : Ce sport exige un certain degré « d'animalité ». Les Français disent que c'est un sport de brutes joué par des gentlemen. Et cette animalité, il faut la sortir si on ne veut pas avoir l'air d'une personne repliée sur elle- même au milieu du terrain. Et encore une fois, nous provoquons un changement.

- Paddle : Ce sport de compétition sur piste fermée exige qu'on soit rapide dans nos mouvements et qu'on active nos réflexes. On doit donc, nécessairement réussir à sortir de soi-même.

- Équitation : Il faut entrer en relation avec le cheval, sinon il deviendra nerveux. Il faut développer la tempérance, la sécurité, la force intérieure et enfin la maîtrise de soi-même et de l'animal. Tout cela va activer le psychisme, pour être plus audacieux et plus sauvage.

- Escalade : A un certain niveau d'audace, en fonction de la difficulté, il est nécessaire d'ajouter un maximum d'attention et de concentration dans les mouvements. Cela stimule le courage et la détermination.

Vous verrez qu'il est très difficile de penser pendant que vous pratiquez un de ces sports. En revanche, vous arriverez à penser en nageant, en courant ou en faisant du vélo.

Comprenez-vous le raisonnement de ces sports qu'il faut pratiquer plus, peu ou au contraire ne pas pratiquer ?

Tous ces sports doivent être pratiqués, surtout au début, sous la supervision d'un entraîneur spécialisé.

b. Exprimez ce que vous pensez et ressentez

Il est très courant de trouver des personnes atteintes de ce trouble avec beaucoup de difficulté à exprimer leurs émotions et leurs pensées. Parfois par peur, parfois parce qu'ils ne sont pas habitués dû à l'éducation reçue ou parce qu'ils craignent d'être ridicule, de recevoir des réprimandes, etc.

Il y a un concept de base, déjà mentionné, qui est celui de l'affirmation. De manière très résumée, l'affirmation consiste à dire ce que l'on pense sans offenser l'autre. Par exemple, si je dis à quelqu'un qui a fait un commentaire inapproprié, que ce qu'il vient de dire m'a dérangé et que je préférerais qu'il ne le refasse pas. Eh bien, je m'affirme. En revanche, si je me tais, je suis un trouillard. Et si je lui dis que c'est un idiot et qu'il ne doit plus me parler comme ça, je suis offensant. C'est pourquoi l'affirmation est le juste milieu, et nous permet d'avancer tranquillement dans la vie en gagnant le respect des autres et en définissant notre personnalité qui ne sera jamais parfaite, ni au goût de chacun.

Il y a une chose sur laquelle nous devons être très clairs : jamais, on ne s'entendra bien avec tout le monde, malgré nos efforts. Il y aura toujours des gens qui sympathiseront avec nous et même, qui pardonneront et toléreront de graves erreurs.

Et d'autres, qui seront presque immédiatement antipathiques, et dont une simple broutille leur servira à réaffirmer la petite alchimie que nous leur éveillons. Au fond, si on ne comprend pas qu'au fur et à mesure que nous mûrissons, nous devons avoir certains critères vitaux, un caractère propre, un tempérament ferme et essayer de les cacher comme un caméléon devant certaines situations, cela peut être considéré comme peu courageux mais aussi de fierté. Parce qu'avoir une prétention exagérée, en voulant faire plaisir à tout le monde est aussi un exercice d'égomanie. Après tout, nous ne sommes rien d'autre qu'un élément de l'engrenage qui façonne la société et l'écosystème. Il s'agit donc simplement d'être nous-mêmes.

c. Se disputer

N'ayez pas peur de vous disputer. Même si cela provoque la colère ou la surprise de ceux qui ont l'habitude de vous voir soumis ou soumise. Face à l'agression verbale, à l'humiliation, au mépris, au reproche injuste, la personne atteinte de troubles obsessionnels à tendance à se taire, à s'inhiber. Vous devez sortir de cette position quoi qu'il arrive, sauf si vous craignez qu'il y ait de la violence physique en raison de l'agressivité de l'autre personne. Si ce n'est pas le cas, alors n'ayez pas peur de vous exprimer avec détermination. Et si vous devez quitter la maison pour que l'autre personne se calme, crier, ou pleurer, il est nécessaire de le faire, quoi qu'il en coûte.

Bien souvent, éviter les conflits entraîne une répression sérieuse chez des personnes pendant de nombreuses années, les conduisant à un état de prostration psychique et d'énergie liée à l'obsession.

d. N'acceptez pas d'ordres injustifiés

Ill y a des gens qui vivent sous l'autorité d'autres personnes autoritaires et capricieuses, des patrons ou des employés despotiques, des parents dictatoriaux, des conjoints tyranniques ou bien d'autres. Il est essentiel de savoir comment dire non. Quoi qu'il arrive et quel qu'en soit le prix. Ce « non » déclenchera probablement une libération des instincts refoulés.

N'ayez pas peur des conséquences, il ne s'agit pas d'adopter une position agressive ou de se lancer dans des disputes ou des conflits. Il s'agit de savoir dire NON avec fermeté et détermination. Et à partir de ce moment-là et quoi qu'il arrive : libérez-vous de la peur.

La peur est le plus grand allié du trouble obsessionnel. Si vous êtes un trouillard, ce sera plus difficile de le surmonter.

e. Érotisme et plaisir

Les personnes obsessionnelles ont souvent des difficultés avec le plaisir et transforment la sexualité en un mécanisme de décharge suivant les rituels traditionnels où l'érotisme et le plaisir sont réduits à leur expression minimale. Il serait positif d'aller vers la découverte de l'érotisme à travers le corps, grâce à la recherche d'expériences sensuelles qui conduiraient à profiter d'un plaisir intense et peu « génital », où le but n'est pas l'orgasme mais l'expérience sensorielle en elle-même.

Il faut être très libre mentalement pour profiter de ces expériences sans tomber dans l'obsession. Une personnalité obsessionnelle peut accomplir l'acte de pénétrer ou d'être pénétrée de manière prolifique, même avec des amants différents, mais il se peut que l'expérience érotique soit peu intégrée. Le corps doit être réveillé, si possible, centimètre par centimètre jusqu'à ce qu'il puisse être libéré de la tyrannie du contrôle exercé par la pensée consciente.

f.   Rompre avec la rigidité morale

Il est nécessaire que nos vies aient des piliers éthiques et moraux suffisamment forts pour que nous ne tombions pas dans l'obsession, la dépendance ou la dilution sensorielle. Cela dit, une morale très rigide cache toujours des éléments sombres, en particulier la peur et la colère, ou parfois une sorte de perversion ou de colère contenue.

Pour moi, les personnes extrêmement moralistes ne sont pas dignes de confiance. Sauf celles qui ont développé une vraie spiritualité basée sur la Foi et l'Amour. Mais elles sont une minorité dans ce secteur.

La plupart des moralistes rigides sont de vrais réprimés, se masquant de peur de se révéler ou de se rebeller contre leur propre conscience. Ils ont aussi tendance à avoir peur, à être jaloux et à manquer d'assurance. Tout cela les conduit à être punisseurs des pulsions sensorielles qu'ils découvrent chez les autres, et génèrent généralement de la frustration lorsqu'ils voient que d'autres moins trouillards profitent de la vie. Ils ressentent aussi une profonde colère contre ceux qui vivent librement et vigoureusement.

Il y a un film américain qui peut parfaitement servir d'exemple : « American Beauty » (Sam Mendes, 1999). Je vous conseille de le voir et vous découvrirez comment les apparences peuvent être trompeuses.

Rappelez-vous que la rigidité morale est contre nature, parce qu'elle ignore les vrais besoins humains.

g. Crier

J'ai recommandé à certains de mes patients d'aller à la montagne et de crier. Comme quand on pleure, crier est une magnifique force libératrice tant qu'il ne s'agit pas d'un acte théâtral mais d'un sentiment profond qui naît de nos entrailles et qui est lié au désir de se libérer d'une situation, d'une personne ou d'un contenu dérangeant. Crier jusqu'à ce que l'âme soit secouée, jusqu'à se vider de la tension accumulée. Crier avant tout sans peur, comme si nous lancions un son puissant dans l'univers, croyant à nouveau que nous sommes vivants, présents et prêts à intervenir activement dans la vie.

Il faut crier avec le ventre, pas avec la gorge, parce que vous pouvez y perdre la voix. Vous devez retenir l'air en gonflant la paroi abdominale et sortir le cri, à travers la gorge.

Criez sans crainte d'être entendu, sans vous sentir ridicule, sans penser à ce qu'ils vont dire...

Criez pour vous libérer, en émettant un bruit animal, pour vous réaffirmer et vous positionner dans le monde avec force.

7. QUE DEVRAIT FAIRE LA FAMILLE D'UNE PERSONNE ATTEINTE D'UN TROUBLE OBSESSIONNEL ?

Bon nombre de messages que je reçois proviennent de jeunes qui souffrent d'un trouble obsessionnel depuis un certain temps, certains depuis de nombreuses années, et qui n'ont pas encore osé l'expliquer à leur famille de peur de ne pas être compris. En fait c'est souvent le cas, soit les personnes touchées par ce trouble ne trouvent pas de compréhension, soit elles ne peuvent tout simplement pas communiquer clairement ce qui leur arrive.

Je me suis retrouvé en consultation avec des parents donnant des conseils banals à leurs enfants devant moi, tels que : « ce qu'il faut faire, c'est se distraire » (si la distraction était aussi thérapeutique que certains le croient, aucun spécialiste en santé psychologique ne serait nécessaire, puisque le conseil de « se distraire » est un des plus recommandés par les parents d'une personne ayant de sérieux problèmes psychologiques, y compris celui-ci) ou « ce que tu dois faire c'est être ordonné, d'arrêter de penser à n'importe quoi ».

La plupart des membres de la famille ne savent pas que le trouble obsessionnel est probablement celui qui cause le plus de souffrance chez un individu. Parce que les idées répétitives, les conflits mentaux interminables, les peurs ou les rituels compulsifs ne laissent guère de place à la « vie ». La personne est parfois piégée à des niveaux désespérés qui conduisent à la prostration ou même à des pensées suicidaires. Et, bien sûr, c'est très compliqué pour les personnes touchées de devoir l'expliquer.

Imaginez la peur d'être homosexuel ou pédophile. À qui peut-on raconter cela ? Pour le second cas, personne y est capable, mais pour ceux qui ont osé expliquer le premier cas, souvent les jeunes ont trouvé une soi-disant compréhension de leurs parents : « *Eh bien, ne t'inquiète pas, si tu es gay, nous t'aimerons de la même façon.* »

Mais il n'est pas gay, il est juste très refoulé au niveau vital et il a développé cette peur !

- *Je me permets d'ouvrir une parenthèse. Quand un patient arrive et m'explique qu'il aime les personnes du même sexe, sans que ce soit un contenu obsessionnel, mais une réalité, sans doute anxiogène et en étant vraiment sûr, je travaille pour qu'il l'intègre pleinement tant sur le plan affectif que sexuel. Qu'il s'accepte, dignifie sa vie et devienne une personne homosexuelle pleinement intégrée en lui et dans la vie.*

Par conséquent, la famille doit être consciente qu'il est nécessaire de commencer à chercher de l'aide thérapeutique, afin que la personne affectée puisse commencer un processus de récupération.

Si la famille ou un membre de la famille est capable d'empathie envers le patient, elle peut devenir le repère moral et affectif du patient, de telle sorte qu'elle soit un soutien jusqu'à ce qu'il trouve une assez bonne méthode de guérison.

Sachez, au cas où vous soyez un parent d'une personne atteinte de trouble obsessionnel, qu'il souffre beaucoup. Comme je l'ai déjà dit, je reçois un nombre infini de messages de jeunes et d'adultes du monde entier qui m'expliquent qu'ils se sentent déjà plus soulager, parce qu'ils se sentent compris (j'essaie de répondre à tous les messages). Et pour la plupart d'entre eux, c'était la première fois qu'ils osaient dire à quelqu'un qu'ils avaient ces craintes (toutes celles que j'ai décrites auparavant).

a. La famille doit être un espace d'affection et de libération

Avant que les divorces « exprès » et l'abandon parental commencent à tourmenter la plupart des familles occidentales, principalement en raison d'un hédonisme incompris, d'un individualisme atroce, d'un style pédagogique très laxiste de la part de l'école et des postulats du féminisme radical qui refusent presque les différences biologiques entre femmes et hommes, la famille était un noyau structurant la personnalité des individus ainsi que l'espace affectif, et établissait des limites où grandissaient des êtres dans un milieu stable, jusqu'à ce qu'ils atteignent leur autonomie. Avant, les rôles, dans la plupart des cas, étaient clairement établis, la mère était le principal fournisseur d'affection et de soins et le père fixait les règles et enseignait aux enfants à ne pas avoir peur dans la vie. Les modes, introduites au cours des dernières décennies, ont diminué la famille et laissé de nombreux individus, « la grande majorité », sans structures solides sur lesquelles compter. Presque plus personne ne joue le rôle du père, ni le père ni la mère, et les enfants sont généralement éduqués par des adultes ayant une mentalité d'adolescents. Cela peut sembler une solution très critique, mais le manque de stabilité familiale qui inclut le manque d'affection ou de messages contradictoires peut être à l'origine d'une certaine vulnérabilité psychique qui, dans des conditions stressantes, peut conduire la personne à développer une pathologie psychologique.

Une famille fonctionnelle et structurée doit être marquée par cinq éléments fondamentaux :

- Amour : C'est la fonction maternelle, et elle doit être présente au sein de la famille.

- Limites : C'est la fonction paternelle, et c'est important qu'elle soit appliquée.

- Confiance en soi, responsabilité et liberté : Les enfants doivent grandir en étant sûrs d'eux et en ayant confiance en eux (sans arrogance ni narcissisme), tout en se sentant responsables de leurs actes et libres de prendre leurs propres décisions dans l'avenir.

- Autonomie individuelle de chaque parent : Quelqu'un au 21e siècle, peut-il croire qu'un couple peut être uni pour la vie sans que les deux parents aient chacun un certain degré d'autonomie personnelle et privé ? Il faut commencer à utiliser la raison pour gérer les besoins *individuels* des adultes qui forment un couple marié

- Libérer le singe, sauver la princesse ou non marié, sinon ils atteignent un point d'effondrement qui peut mener à la rupture.

- Indépendance des parents vis-à-vis de leurs enfants : Si les parents d'un jeune enfant, sacrifient leur propre vie pour devenir de simples esclaves de leur enfant, il est possible qu'en ignorant leurs propres besoins, ils se retrouvent dans un état de résignation et d'insatisfaction. Et à la longue, il n'y aura peut-être aucune conséquence positive.

8. UNE VIE EQUILIBREE : LA PASSION DE VIVRE

Dans notre société, la plupart des gens sont activés par deux types d'interaction avec la réalité : la routine et les distractions. Beaucoup de ces personnes vivent immergées dans des processus de routine qui, de toute évidence, contribuent à la stabilité mentale. Par exemple : les journées de travail, les horaires de sommeil, de veille, et de repas... Et en dehors de cela, comment la majorité des gens cherche-t'elle à se distraire ? Normalement, d'une manière très passive. Par exemple : devant la télévision, devant les écrans d'ordinateur, en jouant aux jeux vidéo, en écoutant de la musique, en mangeant. La question est donc : où est la passion ? Lorsque nous activons la passion, nous éveillons les aspects les plus primaires de notre être, parce que ça indique qu'un objectif externe ou interne a généré un niveau de motivation si élevé que toute notre biochimie « s'aligne » avec l'intention d'atteindre l'objectif. Par exemple : une personnalité que nous aimons, un métier ou un passe-temps que nous voulons développer, un sujet que nous voulons approfondir, un voyage que nous voulons faire... Lorsque l'objet ou l'objectif vital génère la passion en nous, tout notre organisme entre dans un état d'agitation positif qui nous sort de l'inertie vitale basée sur la routine et les distractions. La plupart des personnes atteintes de troubles obsessionnels manquent de passion. On ne parle pas de passion quand nous sommes supporters d'une équipe de football ou de basketball... parce que c'est une attitude passive, en revanche, tout sujet actif qui participe au processus compétitif de l'équipe (joueurs, entraîneurs, physiothérapeutes, président...) agissent, en intervenant dans ce processus. Une attitude passive ne peut être considérée comme passionnée car elle n'implique pas d'activer nos mécanismes interactifs ou comportementaux dans le processus d'atteinte de l'objectif.

Nous pourrions dire que sans passion il n'y a pas de vie, et je souligne, sans passion active. C'est-à-dire, soit vous luttez pour atteindre des objectifs, avec lesquels vous apprenez à canaliser toute votre énergie dans la poursuite de ce que vous avez entrepris de réaliser, soit il y a une prédisposition obsessionnelle, et cela peut se manifester sous la forme de trouble. Je donne toujours deux exemples à mes patients : Picasso a consacré toute sa vie à la peinture de façon compulsive. Seulement par curiosité, son célèbre tableau « Les dames d'Avignon » a été peint environ mille cinq cents fois. Sa vie était basée sur la peinture, les relations amoureuses et sexuelles, et les relations sociales... Certains de nos lecteurs peuvent-ils imaginer Picasso dans un bureau ? Soit il l'aurait brûlé, soit il aurait eu un trouble obsessionnel. Toute cette énergie a été brillamment canalisée par la peinture, de manière chaotique et despotique (comme l'indiquent ses biographes dans sa relation avec les femmes). Einstein, par contre, consacrait tellement de temps à la recherche que, pour que sa femme puisse communiquer avec lui, elle devait lui demander la permission avec des notes écrites qu'elle laissait à côté de son bureau et qu'il lisait quand il le jugeait opportun. Picasso et Einstein étaient-ils des obsédés potentiels ou des passionnés de leurs métiers respectifs ? Que serait devenue toute cette énergie psychique et physiquesi elle n'avait pu être liée à l'objet qui les passionnait ? Eh bien, pour la majorité des personnes affectées par un type d'obsession ou autre, nous constatons que cette énergie ne pouvant être liée au monde extérieur est devenue anxiété (après avoir cherché une issue et ne la trouvant pas), ce qui est la base de la symptomatologie obsessive.

Je tiens à apporter une précision. Lorsque j'explique le thème sur l'énergie paralysée, de nombreux patients me disent qu'ils font du sport, qu'ils sortent, courent, nagent ou vont au gymnase, alors je précise que si l'activité physique n'a pas de lien émotionnel cela n'aidera pas à réduire le trouble obsessionnel. Pour le dire clairement, les seules activités physiques qui aident dans ce cas-ci, sont celles qui sont réalisées quand une personne a un niveau de compétition élevé. C'est-à-dire qu'elles sont utiles seulement quand la personne est clairement disposée à gagner, peu importe si elle perd plus tard (parce que l'important c'est de ne pas perdre, il faut tout donner pour gagner). Ou, si elle est en relation avec un autre type d'émotions fortes, par exemple, lorsqu'elle danse en se défoulant et qu'elle est en extase grâce à la musique, en se coupant de la réalité. Il y a donc un lien psychique et physique et c'est à ce moment-là que nous travaillons la passion. Et, comment savoir quand nous sommes passionnés par quelque chose ? Pour moi, c'est la perte de la notion de temps qui nous fait savoir que nous sommes passionnés. Quand quelque chose que nous aimons beaucoup, nous motive, nous excite, nous perdons la notion du temps. Par conséquent, l'un des secrets d'une vie équilibrée est qu'il y ait des éléments de passion « active » intégrés en elle, sinon où est notre composante humaine qui nous différencient des autres animaux ?

Le philosophe anglais Stuart Mill, nous a dit dans son essai « De la liberté » qu'une personne qui n'utilise que l'imitation pour diriger sa vie n'a pas plus besoin d'intelligence que les singes.

9. LA TRADITION EN TANT QUE RACINE MAIS PAS EN TANT QUE FUTUR

Tout être humain a besoin de sentir qu'il appartient à une famille, une communauté, une culture et une civilisation. Ça l'aide à créer une structure psychique forte et c'est absolument nécessaire à son développement personnel. Sans sentiment d'appartenance, il y a beaucoup de fragilité dans le développement et ça rend l'individu vulnérable d'un point de vue psychique et émotionnel. On entend par tradition, toutes les coutumes, habitudes, symboles et modes de communication qui font partie d'une culture déterminée. Le problème se pose lorsque la tradition devient une prison, soit parce qu'il y a des dictatures politiques, avec des idéologies fanatiques qui forcent les individus à vivre sous un niveau élevé de répression personnelle, entraînant souvent un effondrement social et un déclin économique, outre les souffrances généralisées de la population, soit parce que l'individu est né dans une société libre comme les démocraties occidentales ou à l'occidentale (pour l'instant, il n'existe aucun autre exemple de société libre). Mais dans certaines circonstances, comme dans une famille très conservatrice par exemple, la tradition est stigmatisée par son développement personnel. Chaque tradition est toujours liée à une certaine moralité. Et la moralité, soutenue par différentes religions depuis des milliers d'années, a été l'élément civilisé qui a conduit à la domestication de l'animal chez l'être humain. Le problème, c'est quand cette moralité, comme nous l'avons déjà dit, devient une prison pour l'individu. La tradition doit donc être un point de départ, mais l'être humain doit aussi apprendre à innover, à expérimenter, à transgresser si cela est nécessaire. C'est essentiel pour toute personne atteinte d'un trouble obsessionnel. S'il n'est pas capable de se libérer des chaînes de la tradition, tellement rigide que cela l'empêche d'exprimer l'authentique expression vitale, il ne pourra pas sortir de la boucle obsessive. Cela indique qu'à tout moment, il devra activer un « aspect héroïque », ce que la plupart des patients sont réticents à faire.

10. EXPERIMENTER, TRANSGRESSER...

Que signifie transgresser ? Transgresser, dans le contexte dans lequel nous travaillons, signifie être capable d'ignorer les schémas prédéterminés. Ces schémas sont généralement basés sur trois éléments : 1- La peur de ce qu'ils vont dire. 2- La culpabilité 3- La moralité sexuelle.

J'ai lu un jour une étude d'une université anglaise, publiée par un journal de ma ville, Barcelone, qui a constaté que les personnalités excentriques vivaient plus longtemps, jouissaient d'une meilleure santé et d'une meilleure prospérité économique. Les excentriques ne sont pas nécessairement des extravertis ou des histrioniques, et ils n'ont pas non plus besoin d'attirer l'attention. Ce sont simplement des gens qui font ce qu'ils estiment opportun, sans heurter ou déranger personne, et sans se préoccuper de ce que les autres pensent de leurs actions.

L'excentricité positive, qui n'est ni autodestructrice ni préjudiciable pour qui que ce soit, génère généralement un mode de vie extrêmement satisfaisant, car les décisions sont prises sur la base de l'intelligence et du désir. Et la dépendance vis-à-vis des critères des autres, est réduite.

11. LA MORALITE SEXUELLE

Les êtres humains ont un comportement sexuel, selon la morale prédominante de l'époque et de la société dans laquelle ils ont vécu. La sexualité humaine de base indique que l'attirance vers le sexe opposé, ainsi que les rapports sexuels entre les deux sexes sont « normaux », si l'on parle de biologie pure. Mais au moment où la civilisation apparaît, la sexualité humaine devient de plus en plus complexe et expérimentale, au point que toutes les possibilités sont ouvertes et que toutes les interactions deviennent possibles entre humains adultes, selon que les lois et la morale d'une époque déterminée soient plus souples et indulgentes. En d'autres termes, en période de prospérité économique et sociale, la sexualité s'ouvre et les individus expérimentent différents modes d'interaction. Lors des époques de sobriété ou d'austérité qui impliquent habituellement des lois sévères, la sexualité devient exclusivement traditionnelle ; nous ne pouvons donc pas attribuer à chaque personne sa façon de vivre la sexualité, mais nous devons comprendre les individus dans un contexte socio-politico-économique (en réalité environnementale), c'est pourquoi nous devons soulager toute personne qui ressent une impulsion sexuelle hors de la relation de couple. Derrière tout comportement individuel, il y a toute une réalité biologique et on peut indiquer une équation claire : plus la prospérité économique de la population est grande, plus la liberté sexuelle est grande et vice versa.

Il est donc très important d'être conscient que l'on n'est pas aussi responsable de ce que l'on ressent, parce que cela fait partie d'un contexte. Il est ridicule qu'au XXIe siècle, l'individu continue à se percevoir comme un tout et non comme ce qu'il est réellement, comme faisant partie de différents groupes : d'une famille, d'un village-ville, d'une nation, d'une culture, d'une civilisation, d'un moment géo-biologique et d'un moment cosmologique. La liberté personnelle consiste en la bonne gestion de sa propre vie, mais nous ne pouvons rien faire pour ressentir telle ou telle impulsion, nous pouvons simplement gérer ces impulsions. On va nous conditionner, depuis notre nature génétique aux circonstances sociopolitiques dans lesquelles nous vivons. Et par conséquent, nous ne pouvons être guider que par un niveau suffisant de tolérance et d'affection envers nous-mêmes, pour que ce que nous sommes s'exprime de la meilleure manière possible et sans conflits majeurs puisque nous ne devrions jamais être torturé par ce que nous ressentons ou pensons sur le plan sexuel quel qu'il en soit, nous devons seulement le gérer de manière éthique pour que cela se manifeste dans un mode adaptatif dans la société où nous vivons.

12. LA ROUTINE ET LA PEUR : DEUX FORMES D'EFFONDREMENT

La plupart des gens vivent piégés par une routine consumériste et une distraction compulsive qui façonnent nos vies, en passant d'horaires de travail stricts à des divertissements évasifs au moyen de la télévision ou tout type d'appareils électroniques à la portée de tous. D'autre part, la peur, le manque d'audace, est aussi un facteur important. Comme le dit ce cliché : « La plupart des gens s'attendent à ce que leur situation change sans changer leur mode de vie. » C'est une absurdité qui consiste à essayer d'accomplir quelque chose sans modifier la stratégie commune qui a montré son échec chez d'innombrables personnes. Un ami, ancien parachutiste, m'a dit un jour : « Si tu n'as pas peur de sauter en parachute, tu ne fais aucun acte de courage. » Le courage se manifeste exclusivement pour les choses qui nous font peur. Pour moi, par exemple, faire du parapente serait un véritable test de courage, car j'ai une certaine phobie des hauteurs et une peur physique de certains risques. Mais je n'ai pas peur de m'adresser à un public de cinq cents personnes. En revanche, pour de nombreuses autres personnes, c'est exactement le contraire. Dans mon cas, surmonter la peur, c'est oser essayer ce sport, alors que pour d'autres, un test de courage serait d'aller voir la fille ou le garçon qui leur plaît, de pouvoir parler en public, de pouvoir contredire un désir familial, d'oser vivre dans un autre pays. Ce sont des tests, et la peur est quelque chose que la plupart des patients obsessionnels n'osent pas surmonter, tout comme ils ont beaucoup de difficulté à sortir de leurs routines.

13. Pensee rigide vs pensee ouverte

Je tiens à insister sur ce point.

La pensée rigide se caractérise par le fait qu'elle repose sur des paramètres extrêmement limités, que l'on peut qualifier familièrement de « lieux communs ». À mon cabinet, j'ai rencontré des patients qui se sentaient mal, simplement parce qu'ils avaient des idées ou des rêves qui allaient au-delà d'un code moral strict. Par exemple, en désirant une autre personne qui n'était pas leur partenaire, en rêvant de participer à une action agressive, en ayant des fantasmes homosexuels, etc. J'ai déjà parlé de la différence entre la pensée, le rêve et le comportement. L'une des premières choses qu'une personne atteinte d'un trouble obsessionnel doit accepter, c'est d'être libre de ses pensées, peu importe ce qu'elle pense, et dans les rêves c'est aussi le cas. Souvent, le désir ou la répression sont symbolisés dans la production onirique, c'est-à-dire lorsque nous rêvons. Les gens à la pensée rigide pensent qu'il n'y a qu'une seule façon d'être, de penser et de faire les choses. C'est comme cela qu'ils l'ont appris et c'est aussi basé sur la tradition. Évidemment, dans des temps aussi changeants qu'aujourd'hui, ce type de pensée peut conduire à l'échec économique et social et, quand c'est très prédominant, à la pathologie. Être guidé par des orientations trop traditionnelles à une époque comme celle de la mondialisation et de la prédominance des médias, c'est ne pas comprendre qu'il faut une grande ouverture d'esprit, un grand enrichissement de notre propre « logiciel » pour pouvoir s'adapter au monde contemporain. Cela indique, par exemple, qu'un excès d'indépendance émotionnelle, d'attachement de quelque manière, de fanatisme sont des indicateurs d'une faible intelligence bio-sociale et par conséquent, on court le risque d'être isolé des processus rapides de transformation que génère la société.

La pensée ouverte ne doit pas être confondue avec le concept de « pensée faible » créé par l'essayiste italien Gianni Vattimo. La pensée faible, fait référence au relativisme prédominant de notre époque. Si la pensée rigide considère qu'il n'y a qu'une seule vérité pour chaque sujet, le relativisme, au contraire, établit que tout est absolument concevable, de telle sorte que les valeurs deviennent liquides, changeantes, instrumentales, en fonction de notre intérêt personnel à chaque moment. La pensée ouverte, qui à son extrême pourrait être considérée comme psychopathe puisqu'elle laisserait l'individu à la merci de ses caprices et de ses pulsions sans aucune considération morale ou éthique, pourrait devenir aussi déstabilisante que l'étouffante pensée rigide. Par conséquent, nous devons trouver un équilibre dans notre réflexion, qui consiste à avoir des valeurs éthiques et morales claires, et donc une conduite. Mais d'autre part, il ne faut pas être scandalisé par ce que nous observons ou par ce que nous pourrions penser, c'est-à- dire, avoir de la tempérance, de la fermeté interne et la sérénité avec clairvoyance en interprétant à la fois ce qui nous vient du monde extérieur et ce qui vient de l'intérieur.

Dans le cas des troubles obsessionnels, il est très important que la personne travaille pour développer un esprit ouvert, c'est-à-dire qu'il faut s'éloigner de la rigidité et du relativisme, **il faut avoir des valeurs claires avec une mentalité ouverte**. Prenons un exemple : Imaginons un couple formé d'un homme et d'une femme d'une quarantaine d'années, ils sont en couple depuis dix ans et leur relation est très bonne. Il a un penchant pour la peinture et aimerait pouvoir peindre des corps nus de femmes sur la toile. La pensée rigide consisterait à considérer cela comme une transgression morale, voire une sorte d'infidélité conjugale. Alors que, la pensée ouverte consisterait à se permettre de développer cette œuvre artistique.

Derrière la peur de la liberté se cachent de nombreux échecs personnels. Les familles et les individus qui s'épanouissent, qui maintiennent un bon équilibre psychologique et émotionnel sont ceux qui ne sont pas trop « touchés par les émotions », qui font face aux changements avec intelligence et sagesse et qui osent quitter les marges du traditionalisme le plus ancien qui soit, sans tomber dans le relativisme ou la débauche. Cet équilibre est un défi pour les personnes atteintes de troubles obsessionnels, car elles doivent apprendre à s'écouter, à connaître leurs besoins et à être assez courageuses pour les intégrer dans un nouveau mode de vie. J'ai parfois rencontré des homosexuels incapables d'intégrer cette orientation de manière adéquate, vivant entre l'apparence formelle et rigide du monde conservateur et la contrainte libertine du sexe passager, générant en de nombreuses occasions un fort conflit interne.

L'intégration de la totalité de l'être dans la mesure où la personne apprend à se connaître, à s'écouter, à se sentir est l'une des tâches les plus importantes à réaliser pour surmonter les obsessions.

14. Les psychotropes, la medecine naturelle et la nutrition

a. Les médicaments

Les médicaments habituellement prescrits pour traiter un trouble obsessionnel sont principalement des antidépresseurs et des anxiolytiques, selon la dépression ou l'anxiété du patient. Derrière chaque trouble obsessionnel, il y a une forte anxiété alimentée par une peur inconsciente et un noyau dépressif souvent méconnaissable. Par conséquent, on sait que les pensées et les compulsions obsessionnelles sont la manifestation symptomatique d'un très haut niveau d'anxiété qui, à son tour, est activé en permanence par ce noyau dépressif qui a deux éléments fondamentaux : la culpabilité et la peur. C'est-à-dire que derrière ces troubles, on pourrait dire qu'il y a une chute symbolique, une sorte de « chute de l'âme ».

Et que signifie, la chute de l'âme ? On pourrait considérer cela, comme le manque de connexion « érotique » avec le monde (la sensation de plaisir, de vitalité, de fluidité, qui se produit quand on est réceptif aux stimuli venant de l'extérieur), en cessant de vivre pour en venir exclusivement à la pensée. Et normalement, c'est dû, comme nous l'avons déjà dit, au fait d'avoir subi un traumatisme ou d'avoir vécu une situation psychologique si difficile, que cette déconnexion s'est produite. C'est une façon de vivre par inertie, de vivre sans être vivant, centré exclusivement sur un contrôle des pensées et des actions qui empêchent l'expression vitale la plus authentique et c'est pourquoi, ces médicaments essayent de régulariser ces symptômes au niveau biochimique. Le problème c'est que pour certaines personnes, tout est tellement noué que le médicament n'est pas suffisant puisque le noyau inconscient n'a pas été libéré, et cela génère continuellement un état d'anxiété grave.

Les psychiatres organicistes considèrent que ce trouble et d'autres ont une composante structurelle, et que la personne doit apprendre à vivre avec. C'est pourquoi la combinaison de médicaments et de thérapie cognitivo-comportementale est la plus appropriée pour pouvoir fonctionner avec plus ou moins de normalité, mais bien souvent la souffrance ne diminue pas ou peu. Je tiens à préciser que je suis très favorable aux médicaments lorsqu'ils sont nécessaires pour réduire la souffrance de la personne, et je suis le premier à conseiller un psychiatre afin qu'ils puissent être prescrits au patient parallèlement au processus thérapeutique que nous mettons en place.

Et, en contradiction avec ce critère organiciste, mon expérience thérapeutique m'a prouvé que certains cas considérés comme chroniques ont pu être complètement guéris ou se sont sentis libérés avec des degrés d'obsession très faible. Cela réaffirme ma théorie selon laquelle il peut y avoir une prédisposition génétique, et une certaine vulnérabilité chez certaines personnes mais pas une condition structurelle au niveau organique. Il y a eu des cas de personnes qui ont eu un trouble obsessionnel-compulsif très grave pendant des années et qui ont été capables de le surmonter complètement, il est vrai que la personnalité aura toujours tendance à être obsessionnelle mais d'une manière absolument normative.

Je n'aime pas remettre en question les autres lignes thérapeutiques, mais je peux affirmer que si l'anxiété ne s'atténue pas et que le nœud dépressif ne se débloque pas au moyen d'une thérapie psychologique profonde (et cela nécessite un profil humaniste et éclectique) qui traite l'origine de ces noyaux, il est inutile d'apprendre à gérer les pensées. En résumé, oui aux médicaments, à condition qu'un processus thérapeutique adéquat supprime les bases psychiques et physiques qui génèrent cette symptomatologie si difficile. Et il faut une diminution progressive, au fur et à mesure que la thérapie psychologique donne de bons résultats, avec l'acceptation du ou de la psychiatre.

b. La nutrition

Si l'anxiété est à la base de tout, il est évident que vous devez éviter les excitants comme le café, le thé, le coca cola, les boissons énergétiques ou le chocolat. Il faut aussi diminuer la consommation de protéines qui se trouvent dans la viande et augmenter la consommation de légumes, ce qui pour quelqu'un qui souffre psychologiquement peut sembler anecdotique. Mais j'ai vu certains patients avec le TOC se sentir mieux, en arrêtant le coca cola. Vous devez faire attention au régime que vous suivez, pour qu'il n'augmente pas l'anxiété mais la réduit. Personne ne sera guéri en arrêtant de boire du café, par exemple, mais elle remarquera probablement une légère diminution de ses symptômes.

La réduction du sucre est également un élément positif, à prendre en compte.

c. Les remèdes naturels

Tant qu'ils sont administrés par un naturopathe ou un docteur en naturopathie, le 5-HTP, le millepertuis, la mélisse ou la passiflore sont des remèdes naturels de faible action thérapeutique par rapport aux médicaments, mais suffisant pour compléter la thérapie psychologique dans les cas plus légers.

15. Meditation, mindfulness et respiration

Quand j'avais vingt-cinq ans, j'ai eu l'occasion d'apprendre à méditer en faisant une retraite de quinze jours sur l'île d'Ibiza avec des moines bouddhistes itinérants, qui faisaient escale à différents endroits de la planète. Ils ont passé quinze jours en vivant de façon quasi-monacale, en mangeant végétarien, avec une abstinence sexuelle, des heures de sommeil réglementées et huit heures de méditation par jour divisées en quatre blocs de deux heures chacun. Je peux affirmer catégoriquement que cette expérience a changé ma vie, ce fut un moment décisif, il y a eu un avant et un après. Je ne vais pas entrer dans les détails, mais ce qui m'est arrivé est lié à ce que le moine maître reconnaîtra plus tard comme un éveil de Kundalini. Ce qui m'a surpris et ce que je recommande à mes patients, c'est la simple technique de méditation qu'ils nous ont enseignée. En premier lieu, elle peut se faire allongée ou assise confortablement avec les yeux fermés, donc il n'y a pas besoin d'une position spéciale, bien que les moines, l'exécutaient dans la posture appelée la fleur du lotus. Comme la plupart des participants, tous néophytes en la matière, je me suis allongé sur un tapis au sol. Il s'agissait simplement de créer un mantra formé de deux mots. Par exemple : « amour et paix » ou « vérité et sérénité » ou « liberté et calme ». Cela n'avait pas d'importance tant qu'il s'agissait de pensées positives et bienveillantes de son choix. Il s'agissait de « dompter l'esprit ».

Il fallait répéter mentalement ces deux mots sans cesse, sans essayer de visualiser quoi que ce soit, de la manière la plus simple qu'on puisse imaginer, et chaque fois que les pensées s'éloignaient vers d'autres sujets et qu'on s'en rendait compte, il fallait essayer de les reprendre et de se concentrer à nouveau sur ces deux mots. Durant les premières séances, il est vrai qu'on part toutes les trois secondes. C'était comme apprivoiser un cheval sauvage, cela semblait impossible. Mais plus tard, on était de plus en plus concentrés sur la répétition interne du mantra et quand on acquérait une certaine maîtrise de l'esprit, le sentiment de sérénité et de plaisir était très élevé. Je recommande à tous mes patients et lecteurs atteints d'un trouble obsessionnel de faire au moins une demi-heure de méditation par jour. Ceux qui le pratiquent, trouvent un état de sérénité qui aide bien sûr à atténuer l'anxiété et donc les pensées obsessionnelles. J'avoue que pour les personnes qui vivent avec ce trouble, il va être plus difficile de « dompter » l'esprit, mais avec constance et persévérance ils peuvent y arriver.

<u>Mindfulness</u>

Cette technique est inspirée de la méditation, peut-être sans sa composante spirituelle, il s'agit de vivre l'instant présent et être dans l'ici et maintenant, en se concentrant sur « ce moment précis ». Cette procédure est de plus en plus répandue car elle s'avère très efficace pour réduire l'anxiété et le stress.

Sa pratique est un coadjuvant très bénéfique dans le traitement des troubles obsessionnels.

La respiration

Il existe une technique de respiration qui consiste à s'étirer sur le dos et à inspirer par la bouche, à remplir l'abdomen et à expirer par la bouche. Pendant environ quinze minutes, les yeux fermés et sans souffler, il faut garder la bouche ouverte comme si c'était le début d'un tube. Cette respiration, pendant cette période de temps, génère une petite hyperventilation, qui fait que plus d'oxygène atteint le sang et, par conséquent, que l'oxygène pénètre dans les couches internes des muscles, libérant les molécules qui les compactent au cas où cette personne aurait une forte tension nerveuse, souvent chronique, comme c'est le cas des personnes que nous traitons. Normalement, les zones où « une certaine sensation » se produit seront les pieds, les mains, la bouche et chez certaines personnes, l'abdomen ou la poitrine. D'autres ne sentiront rien, mais c'est quand même une technique de respiration qui réduit l'anxiété. On peut le faire trois fois par jour, quinze minutes à chaque fois, jamais après les repas. Il peut y avoir une contre-indication pour les personnes ayant une tension artérielle déséquilibrée, qui souffrent d'une maladie cardiaque ou qui ont souffert d'une crise psychotique, dans ce cas elles doivent être prudentes et consulter un médecin. Cette respiration, fréquemment réalisée, peut souvent aider à débloquer tout l'organisme, qui dans le cas de troubles obsessionnels est souvent rigide et spastique.

16. LE ROLE DU THERAPEUTE

Un jour, dans l'avenir, qui, je l'espère, ne sera pas trop éloigné, on découvrira qu'un patient ne peut être guéri que si le thérapeute, n'étant pas affecté par une inflation de l'ego, croit qu'il peut l'aider à guérir et ressent également suffisamment de motivation pour s'impliquer dans ce processus de guérison. C'est-à-dire que toute guérison est un processus affectif où « l'éros » (dans ce cas la connexion « chimique ou alchimique » qui existe entre deux personnes) doit être activé. Convertir le contre- transfert, qui est en somme le sens inconscient que le patient a pour le thérapeute, en quelque chose d'aseptique et de neutre, c'est condamner la thérapie à l'échec ou à une durée excessive et souvent inefficace. Dans le cas de troubles obsessionnels, les thérapies ne devraient jamais être faites quand le thérapeute n'est pas capable de se lier avec ou de renforcer des archétypes tels que celui du « guérisseur blessé », c'est-à-dire une personne qui a ressenti une douleur émotionnelle due à certaines circonstances au cours de sa vie et qui lui permet de faire preuve d'empathie avec ses patients. Ajoutons quelque chose de politiquement incorrect : pas avec tout le monde. Il peut y avoir des patients qui ne sont pas significatifs pour ce thérapeute, des patients qui génèrent un contre-transfert négatif, ou pour lesquels il peut se sentir indifférent parce qu'aucun lien réel n'est généré. Alors c'est un problème parce que la nature de ce lien peut être d'une nature différente, mais il doit réveiller le lien thérapeutique.

Sinon, la chose la plus honnête serait d'orienter cette personne ou de transformer la situation jusqu'à ce qu'il soit possible de générer un lien authentique. Travailler avec une personne atteinte d'un trouble obsessionnel grave exige bien plus que cette position rationnelle et logique qui ne fonctionne que de raison en raison.

17. L'INDEPENDANCE DU CHAMP : UN FACTEUR IMPORTANT POUR VAINCRE LE TROUBLE OBSESSIONNEL

Comme je l'ai expliqué tout au long du livre, ce qui génère un trouble obsessionnel c'est un niveau très élevé d'anxiété activé par un blocage idéo-affectif apparu dans des circonstances traumatisantes ou stressantes et chroniques pendant l'enfance ou l'adolescence. Pour être clair, voici deux exemples : En cas de traumatisme, l'enfant a subi des abus sexuels ou a vécu une situation très dramatique. Et dans un autre cas, cela se produit lorsque l'enfant ou l'adolescent vit pendant une longue période sous une grande tension psychologique, par exemple, des disputes continues avec des parents pouvant inclure une menace directe ou voilée. Par conséquent, ce noyau générateur d'anxiété est le facteur le plus important dans le traitement d'un trouble obsessionnel, mais nous devons aussi prendre en compte les aspects cognitifs et parmi eux le facteur d'indépendance du champ.

Normalement, la plupart des gens sont habitués à avancer sous les mêmes paramètres de pensée de telle sorte que les réflexions se produisent toujours sans dépasser les limites de ces paramètres. Donc, même si vous lisez des milliers de livres d'auto-assistance, et que vous n'arrivez pas à dépasser ces limites, en réalité vous n'arriverez à rien changer.

Pour l'expliquer, je vais donner un exemple : Je suis dans une pièce de mon appartement avec une autre personne, et je lui dis que j'ai perdu mon stylo. Je vais lui demander de m'aider à le chercher et nous allons commencer tous les deux à le chercher dans différents endroits de la pièce sans qu'aucun de nous ne le trouve. Jusqu'à ce que l'un d'entre nous, se mette à réfléchir : « Possible qu'il ne soit pas dans cette pièce. » Eh bien, la pièce représenterait le champ cognitif dans lequel nous sommes habitués à nous déplacer, et l'extérieur de la pièce serait un terrain inconnu où nous pourrions, peut- être, trouver la réponse ou la solution à un problème. J'ai déjà mentionné mon penchant pour les romans policiers, je peux vous dire qu'une grande partie d'entre eux maintiennent l'intérêt du lecteur en jouant avec l'indépendance du champ, de telle sorte qu'ils savent qu'ils peuvent orienter l'observation du lecteur vers ces personnages ou situations qui l'empêchent de voir la véritable solution à la question. L'un des pièges les plus courants consiste à faire croire au lecteur que quelque chose qui est trop évident ne puisse pas être vrai, c'est-à-dire que l'auteur sait que les lecteurs aiment jouer les détectives. Alors, pour cacher le tueur il faut le rendre trop présent, si évident que le lecteur n'imagine pas une seconde que ce personnage soit le tueur. Edgar Allan Poe, dans son récit « La lettre volée » fait chercher désespérément cette lettre, alors qu'en fait, elle se trouve à l'endroit le plus facile, « dans la boîte où est rangé les lettres » visible par tout le monde dans la pièce. Par conséquent, une façon de cacher quelque chose est de la rendre visible.

Les grands experts en marketing savent comment faire en sorte qu'un client qui entre dans une grande surface avec l'intention d'acheter quelque chose, passe par toutes les allées avant de passer à la caisse. La distribution des produits, les lumières, les sons guideront la personne tout au long du processus et dans un pourcentage élevé de cas, elle partira avec plus de produits que prévu. Ces mêmes experts qui travaillent pour de grandes entreprises, peuvent nous placer dans un groupe social et prévoir dix ou quinze ans à l'avance ce que nous allons acheter d'ici-là. Qu'est-ce que cela signifie ? L'indépendance du champ est un facteur très peu utilisé. Tout d'abord, en matière d'intelligence, il faut savoir penser différemment de la plupart des gens. D'autre part, il existe des préjugés moraux, c'est-à-dire que dans l'imaginaire de chacun d'entre nous, il y a une idée de ce qui est juste et de ce qui ne l'est pas et nous avons aussi le sentiment que si nous ne faisons pas le bon choix nous serons jugés par l'environnement, la famille, les amis, la société... Cela condamne une grande majorité d'individus à la non-évolution, car très peu d'entre eux osent transgresser les limites qui sont considérées comme normatives. Il est très probable qu'en lisant ces dernières lignes, vous ayez lié le mot transgression à quelque chose de sexuel, alors qu'en réalité ce type de transgression est déjà réalisé par de nombreuses personnes et ne produit aucun résultat évolutif, on ne peut même pas dire qu'il soit lié au concept d'indépendance du champ. Les transgressions auxquelles je fais référence sont celles qui exigent du courage, comme je l'ai déjà mentionné lorsque nous faisons quelque chose qui nous effraie. Imaginez un père se consacrant tous les jours à son travail et le week-end accompagnant ses enfants à leurs activités, n'ayant pas assez de temps pour lui il décide un jour de changer sa vie, sans se séparer de sa famille ou l'abandonner.

Que peut-il faire ? Pour la plupart des gens, la réponse ce serait d'avoir un passe-temps, c'est-à-dire d'être un esclave avec un passe-temps. Y a-t-il d'autres possibilités ? Pour trouver des réponses différenciées à cette question, l'indépendance du champ est essentielle, et certains y parviennent. Nous trouvons d'excellents exemples d'indépendance du champ dans les biographies de personnes qui ont réussi à faire des choses extraordinaires et nous nous rendons compte que beaucoup d'entre elles n'ont jamais transgressé aucun principe éthique, elles ont simplement su différencier l'essentiel du secondaire et n'ont pas donné une minute de temps au secondaire. Il n'y a pas si longtemps, je lisais un livre de W. Dyer : « Changez vos pensées, changez votre vie » (On ne découvre rien de nouveau dans ce livre, mais cette lecture est si agréable, qu'elle nous permet d'aborder la vie avec optimisme et pragmatisme). Dans ce livre, l'auteur dit qu'il ne se sent pas obligé d'aller à des événements familiaux, qu'il s'agisse de ses enfants ou de ses petits-enfants, et par conséquent, père d'une famille nombreuse, il évite les anniversaires et autres mises en scène familiales. D'autant plus qu'il avait déjà averti toute la famille, et ainsi personne ne pouvait le prendre personnellement de manière négative. Sommes-nous conscients du temps dont dispose cet homme, et de la liberté dont il dispose ? Federico Fellini, un célèbre réalisateur italien, alors qu'il était à Rome pour des études de droit, financées par ses parents, citoyens de Rimini, s'est consacré à peindre sur les vitrines des bars les produits qui étaient servis. Avec ce qu'il gagnait et avec l'argent qu'il recevait de ses parents, il se consacrait à la bande dessinée, ce qui lui permit plus tard d'entrer dans une maison d'édition. Il n'avait aucun remords de ne pas avoir étudié la carrière dans laquelle il était inscrit, car sa vocation pour le monde de l'image était telle, qu'elle ne générait aucun conflit. Faisons un point, Fellini ne voulait pas faire quelque chose qui aurait fait de lui un parasite, mais voulait faire quelque chose qui le passionnait vraiment, et que ses parents n'auraient pas aimé ni accepté. Le résultat, que l'on connaît déjà, c'est qu'il est l'un des réalisateurs les plus brillants de l'histoire, avec à son actif de nombreuses récompenses et succès internationaux. Mais pour en revenir au sujet qui nous intéresse, pourquoi presque cent pour cent des personnes obsessionnelles manquent-elles d'indépendance du champ ? Pourquoi ont-elles tant de mal à envisager la vie en dehors des canons communs ? Pourquoi se sentent-elles obligées de faire ce qu'elles ont à faire ? Y a-t-il une prédisposition à cet ordre parfait ? Comme pourrait le dire le psychanalyste Erich Fromm, « c'est une peur profonde de la liberté ». Ainsi, pour la plupart des gens, l'activation de l'indépendance du champ va les aider à améliorer leur vie parce qu'ils vont d'abord la personnaliser, ensuite ils vont trouver de nouvelles réponses à de vieux problèmes et enfin ils vont introduire un élément d'originalité. Mais dans le cas des personnes obsessionnelles, c'est absolument essentiel parce que le champ dans lequel elles se déplacent est trop étroit et rigide.

Comment l'indépendance du champ est-elle activée ?

- En lisant des biographies.

- En analysant le comportement des personnes qui agissent différemment de la majorité (au lieu de les critiquer).

- En nous demandant combien de choses inutiles nous faisons et que nous n'aimons pas.

- En remettant en question le type de relation que nous entretenons avec les autres, qu'elle nous convienne ou qu'elle soit simplement fondée sur la routine et la soumission.

- En adoptant de nouvelles approches et de nouveaux modes de vie. Ou en voyageant (pour ceux qui peuvent se le permettre).

- En abordant la culture et l'art dans toutes ses dimensions.

- En étant capable d'éveiller nos sens de différentes manières.

- En faisant preuve d'empathie et en se mettant à la place de l'autre, même à la place de personnes qui pensent ou ressentent très différemment.

18. L'ACTIVATION DIONYSIAQUE

C'est probablement la section la plus importante de ce livre. Ici, le véritable secret du processus de guérison est inclus   et expliqué. Ma formation d'analyste jungienne m'a permis d'explorer le monde des dieux païens, leur symbolisme, le mystère caché en chacun d'eux et le pouvoir de se manifester dans notre psyché par l'inconscient.

Je peux affirmer avec insistance que sans Dionysos, il n'y a pas de remède.

Dionysos était l'une des divinités de l'Olympe grec, fils de

Zeus, le dieu suprême, et de Sémélé, une femme mortelle.

Dionysos, masculin-féminin, représente l'extase que l'on atteint à travers la musique, les arts, le vin, c'est-à-dire lorsqu'on abandonne le contrôle de nos actes et qu'on s'offre à l'expérience sensorielle. Il représente la compensation psychique de son frère Apollon, symbole d'ordre, logos, rationalité et structure.

Dionysos est présent dans les soirées, dans le sexe quand on éprouve de la liberté et du plaisir, dans les rires d'un groupe d'amis qui prennent quelques verres de vin, dans la poésie qui exalte l'esprit, dans la vision d'un film qui nous enivre d'enthousiasme, dans un massage reçu et vécu sensuellement, dans un bain de mer au clair de lune, dans la musique qui nous mène à la danse, au chant, au jeu de séduction, dans le corps quand il se relaxe et se libère.

Maintenant, si vous avez un trouble obsessionnel, je vous demande d'activer le Dionysiaque dans votre vie. Comment le ferez-vous ? C'est difficile, n'est-ce pas ? Savez-vous pourquoi cela peut être presque impossible pour vous ? Parce que vous êtes piégé dans les logos, dans la pensée, dans le contrôle, parce que l'anxiété génère des pensées répétitives, des conflits sans fin, des contrôles permanents ou des rituels forcés.

Alors, comment on peut l'activer ?

Avant de répondre à cette question, je dois dire qu'un processus d'intégration du « Dionysiaque » demande la même persévérance que si vous appreniez à nager. Vous ne pouvez pas un jour aller à la piscine, faire ce que le moniteur vous demande de faire, avoir peur et ne pas revenir avant trois mois, car vous n'apprendrez jamais à nager. Ce n'est pas un mauvais exemple, parce que « le dionysiaque » dans les personnalités obsessionnelles produit de la peur et génère généralement des remords a posteriori, parce que « vous appréciez », « vous prenez du plaisir » et que pour une personne obsessionnelle, c'est souvent une source de conflit.

Maintenant, nous allons l'activer :

- En dansant : À la maison, seul, mettez de la musique et déchaînez-vous, jetez-vous sur le sol, faites le fou en

Sautant. Essayez, même si vous vous sentez ridicule, et profitez-en.

- En obtenant des massages sensuels : Non thérapeutiques. Pour produire un véritable plaisir sensoriel, il n'est pas nécessaire d'avoir un contenu sexuel, mais il faut le faire et le vivre de façon sensuelle. Ils doivent, vous être offerts par quelqu'un que vous trouvez attirant(e), qu'il s'agisse de votre partenaire, d'un(e) ami(e) ou d'un professionnel. Il est très important que vous soyez honnête avec vous-même. Peu importe que vous soyez jeune ou vieux, que vous ayez un partenaire ou non, vous devez trouver quelqu'un pour vous amener à ce point de dissolution des sens, où la détente et le plaisir fusionnent. Et j'insiste sur le fait qu'il n'est pas nécessaire d'avoir une expérience sexuelle. Vouloir l'ajouter, c'est autre chose.

- En mangeant et en buvant : Essayez de prendre votre temps pour préparer les repas que vous aimez et si vous le pouvez appréciez aussi, avec modération, une boisson. Vous aurez l'impression de commencer à vous désinhiber. Faites de la nourriture et de la boisson, une expérience aussi sensuelle. Apprenez à préparer des plats exotiques et surtout apprenez à manger seul.

- En s'exprimant de façon créative : Peignez, écrivez, faites de la sculpture, de la céramique, jouez ou composez de la musique, photographiez des paysages, des portraits nus...

- En libérant son corps : Allez sur des plages nudistes, dans des bains de vapeur, des saunas, vivez la nudité avec d'autres personnes... Recréez vos formes et les formes des autres.

- En serrant dans vos bras, en maintenant le contact affectif : Avec quelqu'un que vous désirez, sans vous forcer à embrasser une personne que vous n'appréciez pas ou qui génère un certain rejet personnel. Seulement quand vous le ressentez, par amitié, par attirance physique, par fraternité, par familiarité, par amour... approchez-vous, serrez-les dans vos bras et soyez respectueux à la réaction de l'autre, selon qu'il accepte ou non. Et si c'est le cas, ce n'est pas grave, il faut savoir échouer. Il y aura toujours d'autres personnes avec qui, on se sentira bien dans leurs bras.

- En lisant : La lecture génère du plaisir lorsque vous trouvez les sujets que vous aimez. Je recommande de lire des romans et des biographies plutôt que des livres d'auto-assistance. Ils sont beaucoup plus chargés de vérités, d'émotions, d'expériences... La plupart des gens qui dévorent les manuels d'auto-assistance ne changent rien. Et ce sont des gens qui ont tendance à savoir tout ce qu'ils doivent faire pour transformer leur vie, mais comme ils ne se sont pas connectés émotionnellement et qu'il n'y a pas eu « d'éveil de leur conscience » alors, ils ne changent pas : ils restent dans leur routine avec un peu plus d'indépendance, mais au final... rien ne change.

- En tombant amoureux : Nous devrions tomber amoureux tous les cinq ans, que ce soit de notre partenaire ou d'une autre personne. Cela ne veut pas dire, que nous devons continuellement rompre, parce qu'aimer c'est bien plus que d'être amoureux. Mais la vie finit par devenir assez ennuyeuse et nous devons savoir comment introduire de nouvelles émotions dans notre vie, sans pour cela devoir tout quitter. La vie est aussi un jeu et il s'agit de savoir comment jouer. Sans vivre comme un moine, ni comme un éléphant dans un magasin de porcelaine qui chaque fois qu'il « déplace une pièce », un tsunami émotionnel se produit.

- En transgressant : La transgression a deux limites : la loi et l'éthique. Et vous devez les respecter toutes les deux, sans vous mettre en danger. Commencez à oser à être plus impulsif, plus radical, à rompre avec les limites établies du bien et du mal qui vous ont asservis jusqu'à aujourd'hui.

- En voyageant : Maintenant tout le monde voyage, mais peu de gens vibrent. J'ai toujours trouvé le fait de tout photographier de façon compulsive, très stupide. Quand vont-ils les regarder ? Ou pire, qui vont-ils torturer en les montrant et en expliquant les centaines de photos qu'ils ont prises ? Est-ce vraiment ça, voyager ? Je pense qu'il y en a qui ne regardent que par le viseur de l'appareil photo ou du téléphone portable. S'il-vous plait, vivez votre voyage ! Expérimentez-le ! Laissez-vous séduire !

- En sortant de la routine et de l'ennui : Faites ce que vous avez à faire, mais sortez de cette position qui ne fait qu'encourager l'obsession, l'esclavage mental !

Cherchez de nouvelles personnes, de nouveaux cercles d'amis, de nouvelles situations, mettez en scène votre histoire avec intensité (j'insiste, en positif, dans la loi et dans l'éthique) qui suppose une libération forte de votre mode de vie actuel. Parfois, la seule façon de sortir de la « prison mentale » est de briser les barreaux avec bravoure, sans autre considération.

Je pourrais écrire beaucoup plus de choses, mais avec cela, vous pouvez déjà vous faire une idée. Je comprends que pour les orthodoxes il s'agit de frivolité, pour d'autres d'une impossibilité et pour beaucoup ils ne sauront même pas par où commencer. Mais c'est l'une des clés thérapeutiques sur lesquelles je travaille le plus dans les processus de libération et de dissolution des troubles obsessionnels chez mes patients. Il s'agit de les faire vivre et d'utiliser toutes les ressources nécessaires que la vie peut offrir. Et ça fonctionne.

19. POURQUOI PEUT-ON GUERIR D'UN TROUBLE OBSESSIONNEL ?

Contrairement à la croyance majoritaire des psychiatres organicistes et des psychologues cognitivo-comportementaux, les troubles obsessionnels peuvent être guéris. J'ai mentionné dans une section précédente, la prédisposition génétique qui rend certaines personnes plus vulnérables à certaines maladies. Mais la vulnérabilité, je le répète, ne condamne pas : elle dispose.

Je ne voulais pas faire connaître ma méthode, ni même écrire ce livre, avant d'avoir pu confirmer la guérison complète d'un minimum de personnes qui avaient souffert de ce trouble, à un niveau considérablement sérieux. Mais maintenant, je me sens légitime de dire que ce trouble peut être guéri dans un pourcentage élevé de cas.

À partir du moment, où vous considérez que la psyché humaine et le corps humain sont en interaction permanente l'un avec l'autre, qu'ils font partie de la même unité, et d'autre part, que notre propre génome peut être modifié par des facteurs externes, qu'en réalité nous ne sommes qu'une longueur d'onde, que nous sommes dans une transformation permanente, à partir de ce moment-là nous ne pouvons plus rien considérer comme quelque chose d'étanche, d'immuable, de permanent. À moins qu'une personne ayant une autorité académique le considère ainsi et le grave dans notre esprit, de telle manière que cela devienne une vérité absolue qui structure une partie importante de notre vie. Si face à une personne désespérée, un médecin « prononce » qu'elle ne sera pas guérie et qu'elle devra apprendre à vivre avec, ça sera très difficile pour elle de pouvoir le surmonter, car un enregistrement psychique aura été fait dans la pensée de cette personne.

Par conséquent, ma première considération est que rien n'est immuable et que les possibilités de changement en toute circonstance sont élevées. Dans ce cas, j'ai compris qu'un patient atteint de trouble obsessionnel était un être vivant enfermé dans sa propre prison. Une prison où plus on veut s'y libérer, plus ses murs sont étroits. Habituellement, on lui donnait des médicaments pour pouvoir soutenir cette prison interne et on lui apprenait à accepter d'y vivre sans rien modifier.

Mais qu'est-ce qui l'empêche de sortir de cette prison ? Réponse : Les expériences « anxiogènes », c'est-à-dire celles qui ont généré un degré élevé d'anxiété accumulée dans le temps. Et je répète que mon idée est la suivante : si nous sommes capables de les dissoudre, nous pouvons libérer la personne du trouble.

20. UN CONTE DE FEES COMME SYMBOLE

Ci-dessous, je raconte une histoire que j'ai imaginé, et où je veux illustrer ce qu'est un trouble obsessionnel et comment y mettre fin. Je m'inspire des récits classiques de la tradition germanique des contes de fées :

« Dans un pays très lointain, il y a bien des années, un enfant est né et dont, il était écrit qu'un jour il deviendrait un prince. Son père, le roi, était un homme très sévère, autoritaire et rigide. La mère, la reine, était soumise aux caprices du tempérament de son mari. Le prince naquit souriant et les gens du palais furent surpris par sa tendance au bonheur, ce que son père ne supporter pas. L'enfant grandit et son caractère joyeux et vitaliste satisfaisait tous les habitants de la cour, en particulier sa mère. Mais le roi ne pouvait consentir à cette existence placide, à laquelle il était et avait été si étranger. Quand le futur prince eut cinq ans, le père le fit convoquer et amener devant lui et, comme un adulte, le fit se tenir devant lui et lui dit : « Vous êtes responsable de mon malheur. Depuis votre naissance, j'ai passé de nombreuses nuits blanches. Désormais, je vous tiendrai responsable de mon mécontentement. »

L'enfant comprenait à peine, et même si cela l'effrayait, il continuait à jouer et à rire comme toujours. Cela rendit le roi très amer et sa colère se transforma en haine pour son fils. Peu de temps après, il lui demanda de revenir devant lui et lui ordonna de peindre une pièce vide dans le palais. Trois domestiques devaient superviser le travail du jeune prince, jour après jour. C'était une immense pièce d'où il pouvait à peine sortir, sauf pour manger et dormir. Malgré cela, l'enfant, de plus en plus affligé par la punition, dont il n'avait aucune conscience, était toujours heureux et aimable. Sa mère, la reine, souffrait de façon désolante de l'injustice à laquelle son fils était soumis, mais le roi était un vrai tyran, sans scrupules, capable de créer des situations cruelles et douloureuses. Et, il lui permettait de le voir que pendant une courte période chaque jour.

L'enfant a été rappelé devant son père, qui a constaté qu'il y avait encore des éléments de bonheur dans son tempérament. Enragé, il ordonna qu'on l'enferme dans la pièce qu'il lui avait demandé de peindre. Il ne pouvait plus y sortir, de jour comme de nuit. La mère pouvait lui rendre visite seulement à travers la porte. Et peu de temps après, il interdit aussi ses visites.

L'enfant a grandi et est devenu un adolescent. A l'intérieur de la pièce et n'ayant presque rien à faire, il se limita à marcher en cercle, à dessiner sur les murs et à penser à des idées qui finissaient par se répéter, faute d'autres éléments pour stimuler son imagination et l'absence totale de liberté. L'adolescent grandit et devint un beau prince. À certains moments, son désespoir commençait à déborder. Il criait la nuit, et pendant la journée il frappait les murs de la chambre et les barreaux. Mais rien ne changeait, tout restait identique. Il n'avait pas de visiteurs et sous peine de mort, la mère s'était vu interdire de s'approcher de lui, seul un laquais était chargé de lui apporter à manger et pouvait à peine lui dire quelques mots. La tristesse et le désespoir du prince détruisirent toutes son énergie et il passa la plupart du temps allongé sur le sol, sans presque plus de force pour bouger.

La mère désespérée ne savait pas quoi faire et un jour, alors qu'elle pleurait assise sur son lit, une dame de la cour s'approcha d'elle et lui dit : « Madame, votre douleur me touche et je voudrais vous donner un conseil. » La reine se leva et, comme c'était une dame de confiance, elle lui répondit : « Parlez. Mais j'espère que vos paroles consoleront mon cœur, car la douleur m'attend au seuil de la mort. » La dame dit : « On m'a parlé d'un sage qui vit dans un royaume voisin et qui a adouci le cœur de nombreux hommes endurcis par la vie. Si vous le souhaitez, j'ai la possibilité de l'amener jusqu'à la cour. » La reine fut immédiatement très bouleversée et demanda : « Pensez-vous qu'il pourra libérer mon fils ? » La dame dit : « Je ne sais pas, madame, mais je pense que vous devriez le voir. »

Tout a été mis en œuvre. Quelques jours plus tard, le sage avait un rendez-vous privé dans le salon de la reine. Bien sûr, le roi n'avait aucune idée de ce qui se passait. Ça aurait été considéré comme un crime de haute trahison, si quelqu'un de l'extérieur de la cour avait été consulté sans son approbation. Le sage entra furtivement par une porte secrète du palais, accompagné du secrétaire privé de la reine. La dame l'attendait et l'accompagnait à travers des tunnels secrets jusqu'à la pièce où il devait être entendu.

C'était un vieil homme de petite taille, à la barbe blanche avec un air sympathique. Quand la reine l'a aperçu, elle lui demanda de s'approcher. Alors qu'elle s'apprêtait à lui parler, il l'interrompit et, ayant été informé du drame qui se déroulait, il se mit à parler en disant : « Votre Majesté, vous allez devoir faire un sacrifice si vous voulez que votre fils soit libéré. » La reine, prête et attentive, dit un oui retentissant. Elle était prête à tout.

« Que suis-je censée faire ? » Le sage a mis fin à ses doutes : « Vous devrez risquer votre vie. » Une mère qui aimait son fils comme elle, n'avait aucun mal à l'accepter. La seule chose qu'elle voulait, c'était s'assurer que sa mort serve à quelque chose : la liberté de son fils, car si elle mourait, il n'y aurait plus personne qui se soucierait du prince. Le sage fit une remarque : « Votre Majesté, je ne vous ai pas demandé de mourir, je vous ai demandé de risquer votre vie. « Que dois-je faire ? », dit la reine. « Affronter votre mari », répondit le sage, « mais vous devrez le faire devant toute la cour. Je me mêlerai aux habitants du palais. Et si je le peux, j'interviendrai au moment opportun, pour que votre vie ne soit pas en danger. Je ne sais pas si j'y arriverai, mais je ferai attention que ça n'arrive pas. »

La reine hocha la tête et une semaine plus tard, l'anniversaire de l'accession du roi au trône fut célébré. Le roi, comme nous l'avons déjà dit, était un être tyrannique et capricieux. La cour et le peuple le craignaient. Il n'avait pas pu être heureux et sa disposition à l'envie, la jalousie et le ressentiment ne lui permettaient pas d'apprécier les aspects positifs de la vie. Il en avait exécuté beaucoup ou emprisonné comme son propre fils.

Le confronter pourrait avoir des conséquences effrayantes, non seulement pour la reine, mais pour tout le pays. Le sage refusa de dire, même un minimum, quel était son plan.

Dans la salle royale, où se tenaient les événements les plus importants, un millier de personnes étaient accueillis. Tous les membres de la cour, les sujets les plus importants du pays, ainsi que les membres des autres maisons royales des pays voisins y étaient présents. Tout a été préparé avec un luxe exquis de détails, il y avait une abondance de délices et les musiciens animaient l'attente avant l'arrivée du roi. Soudain, des trompettes sonnèrent et le roi et la reine apparurent et s'approchèrent dans le couloir central jusqu'aux deux trônes qui symbolisaient leur pouvoir. La reine tremblait, elle transpirait, elle savait que le moment le plus difficile de sa vie allait arriver. Mais la liberté de son fils l'avait poussée à risquer sa propre vie.

Ils étaient déjà assis et toute la salle était silencieuse. Le roi se leva pour dire quelques mots : « Mesdames et Messieurs, je vous remercie d'être venus à cette célébration qui commémore les trente ans de bonheur et de prospérité que je vous ai donnés. » Soudain, comme possédée par un esprit inconnu, la reine se leva et cria : « Non ! » Son cri résonna à travers les murs. Il y eut un silence absolu, et le roi se tourna vers elle avec un visage de haine, avec une envie de destruction. Elle, terrifiée, mais tirant sa force de sa faiblesse, cria encore plus fort « non ! » Les « non » commençaient à se répéter de plus en plus fort, beaucoup plus fort... Elle criait en tremblant. Les « non » sortaient de son âme, de l'intérieur de ses entrailles. Le roi était absolument fou, il ne savait pas comment réagir.

Personne n'osait bouger jusqu'à ce que lui, donne l'ordre. Et tout à coup, il cria : « Tuez-la ! » Trois soldats de la garde à l'autre bout de la pièce ont sorti leur épée vers la reine. La reine continua à crier : « Non, non, non ! » et ses cris secouèrent les cœurs les plus froids.

Soudain, une lance traversa la pièce d'un bout à l'autre, pour se planter sur le front du roi. Le roi s'effondra sans cesser d'avoir l'expression d'amertume qui l'accompagnait toujours. Les sujets et les invités, imperturbables et intrépides, ne savaient pas quoi faire. La reine avait un bref moment pour pouvoir réagir. Ce moment marquera le destin du pays. Elle n'avait pas le droit à l'erreur. Elle s'est tenue ferme, a levé la tête, s'est adressée à toutes les personnes présentes et a dit haut et fort, avec assurance et emphase : « Je suis la reine. » Son pouls et sa voix ne tremblaient plus.

Pendant un bref aperçu du temps qui semblait être une éternité, personne n'a réagi. Mais peu à peu, les participants commencèrent à baisser la tête l'un après l'autre, jusqu'à ce que toute la pièce se prosterne devant la figure majestueuse de la nouvelle monarque. Tous étaient conscients de la libération qu'impliquerait un tel acte, mais aucun n'osait faire le moindre commentaire ou le moindre mouvement. Pendant ce temps, tranquillement et discrètement, le petit homme à la barbe blanche qui regardait, disparut de la pièce en se dirigeant lentement vers une porte de sortie. On n'a plus jamais entendu parler de lui.

La reine, maintenant dotée de tous ses pouvoirs, libéra le prince, et lui enseigna pendant cinq ans à être sûr de lui, rebelle et libre face aux autres. Et, lui céda le trône qu'après être convaincue que le futur roi serait un homme équilibré et mûr, dans lequel nicheraient bonté, fermeté, détermination, justice, compassion et capacité à prendre les armes si nécessaire. Une fois qu'il ait été établi que le prince était un homme vrai, elle a abdiqué pour se retirer afin de méditer et écrire des histoires et des récits pour les générations futures des habitants du pays.

Le prince, converti en roi, régna jusqu'à sa mort, jusqu'à ses dernières années, et se rappela à chaque instant de sa vie que quoi qu'il arrive, et même au risque de sa propre vie, il ne faut pas se soumettre à la tyrannie d'un despote peu sûr et amer.

Que représente ces différents personnages ?

- Le roi : Dans cette histoire, le roi est une figure autoritaire, rigide, incapable d'être heureux, détestant la liberté, la spontanéité. Il s'agit d'un logos tyrannique, peu sûr, qui a besoin d'une coutume de fer, de dominer et de faire régner la peur. C'est la raison dictatoriale. (Pensée obsessionnelle)

- Le prince : Il représente la liberté, la spontanéité, le bonheur. C'est notre nature libre, innée, liée à la vie. (Nature originale)

- La reine : Elle représente les pulsions les plus primaires, l'amour, la capacité à surmonter ses peurs, l'audace. (Pulsions primaires)

- Le sage : Il représente la connaissance qui peut restaurer, par l'activation des pulsions, la nature originale sans obsessions. (Fonction thérapeutique)

- La prison : Elle représente le trouble obsessionnel, la prison interne, bien que dans ce cas et au sens figuré elle soit réelle.

- La lance : C'est l'arme qui est activée par les pulsions primaires (cris de la reine) et qui finit par tuer le roi. (Tyrannie de la pensée dominante)

C'est une histoire simple, mais on comprend bien les différents éléments impliqués dans le processus de création et de libération d'un trouble obsessionnel.

21. Quelle est ma méthodologie pour guérir d'un trouble obsessionnel ?

Pour expliquer ma méthodologie, il est nécessaire de comprendre une des prémisses fondamentales de ma théorie sur les troubles obsessionnels. C'est-à-dire qu'un trouble obsessionnel est causé par un excès d'anxiété accumulé au fil des ans dans l'organisme physique du patient. Et je distingue le physique et le psychique, parce que la psyché deviendra le symptôme du blocage corporel. Par conséquent, nous devrons d'abord lever ce blocus sur le plan physique, puis restructurer le contenu et la manière d'aborder la vie du patient.

Cette méthode est complètement différente de la méthode habituelle et plus utilisée, en y ajoutant aux anxiolytiques et aux antidépresseurs, la thérapie cognitivo-comportementale. S'il y a eu des cas d'élimination complète d'un TOC chez des personnes qui suivaient un traitement depuis des années sans pratiquement aucun résultat, c'est parce que la logique qui accompagne la thérapie est complètement différente et, étrangement, plus simple.

Imaginez un tigre enfermé dans une cage de cinquante mètres carrés. Apparemment, la cage est large, mais pas pour un tigre. Le tigre errera sans cesse d'un endroit à l'autre à la recherche d'une issue possible. Les gardiens lui donneront à manger et à boire et garderont la cage propre, mais le tigre deviendra de plus en plus agressif et agité. A tel point qu'ils décideront de lui donner le bon médicament pour qu'il puisse se calmer et résister à l'enfermement. Ensuite, un dresseur viendra lui apprendre à faire différents exercices à l'intérieur de la cage. Ces deux choses vont le calmer temporairement, mais le tigre traversera des moments très critiques dans lesquels il pourra se blesser, tombera en prostration, essayera d'attaquer, etc. Savez-vous ce qui serait bon pour que le tigre arrête de souffrir ? C'est très simple : La liberté. Mais maintenant, imaginons qu'on le libère après dix ans dans une cage et qu'on découvre que même en liberté il adopte plus ou moins les mêmes attitudes. Il se déplace dans de petits espaces, explore à peine le terrain et est très agressif.

C'est exactement ce qui arrive à une personne ayant un TOC. Il ne sert donc à rien de leur apprendre à vivre dans la cage avec résignation, ni même de leur donner des médicaments (ce qui ne veut pas dire, qu'ils ne sont pas nécessaires dans la première phase de la thérapie que j'utilise). Mais il ne sert à rien non plus, d'enseigner à vivre si l'on n'a pas réellement débloqué tous les blocages que cet enfermement a impliqué sur le plan instinctif.

Si nous, les humains, étions des tigres, ce que je proposerais sur le plan thérapeutique serait de réveiller tous les instincts qu'il a perdus : explorer, chasser, se protéger, reconnaître ses congénères, jouer, se battre, marquer son territoire, établir des hiérarchies, etc. Comme nous sommes humains et que nous vivons, supposément, dans une société civilisée, nous devons éveiller les instincts d'une manière artificielle, même en les combinant autant que possible avec des expériences réelles de la vie quotidienne.

Mais suivons l'exemple du tigre. Imaginons que ses articulations après dix ans de vie en cage aient perdu de leur souplesse, qu'il ait même développé une pathologie au niveau cardiaque, qui rend difficile ce dressage pour un retour à la vie sauvage. Il faudrait faire quelque chose avant de le libérer. Il faudrait peut-être le soigner autant que possible. Chez les gens, encore une fois, quelque chose de semblable se produit : Éveiller l'instinct, les pulsions, libérer des émotions telles que la rage, la colère, le ressentiment, le besoin d'affection, cela passe par un soin préalable et le travail sur le corps et l'esprit. Il s'agit d'une progressivité dans le traitement et cela nous amène nécessairement au déblocage direct sur le corps, de l'anxiété matérialisée dans certaines parties de celui-ci, jusqu'à l'irruption dans la vie de la propre personnalité, des propres contenus de pensée, ainsi que d'un caractère et d'un tempérament suffisamment fort pour ne plus rechuter.

Voici les étapes : Premièrement, découvrir la ou les circonstances qui ont généré chez le patient des niveaux élevés d'anxiété qui ont fini par devenir des symptômes d'obsessions répétitives. Deuxièmement, détecter la structure de la personnalité du patient ou, si nécessaire, commencer à travailler avec de nouveaux contenus. Troisièmement, débloquer le corps. Quatrièmement, libérer l'instinct, les impulsions et les émotions. Cinquièmement, restructurer les croyances. Sixièmement, rechercher l'archétype principal du patient : Qui est-il ? Quelle idée fausse explique sa vie ? Une fois le traitement terminé, la personne doit être libérée du trouble obsessionnel et en même temps, il doit se concentrer clairement sur le chemin que sa vie doit suivre, non pas sur la base de jugements a priori, mais déduit du travail d'un niveau plus profond de l'inconscient qui fournira des contenus émergents permettant de canaliser l'énergie qui était bloquée.

22. COMMENT FONCTIONNE LA THERAPIE ?

Je l'explique avec un cas imaginaire, mais prototypique :

Pedro a 26 ans et prend rendez-vous dans notre centre. Je fais la première session avec lui. (Je fais les premières sessions en espagnol, catalan et français, les autres membres de l'équipe font les premières en anglais, italien ou néerlandais.)

Il m'explique qu'il souffre depuis quelque temps déjà d'un trouble obsessionnel à contenu homosexuel, alors qu'il sait, qu'il est complètement hétérosexuel. Mais un jour, il a trouvé un collègue de travail attirant, et depuis ce moment il se sent « piégé » par l'idée que peut-être, il aime les hommes. Cela l'amène à un contrôle permanent, même parfois, me dit-il, il ressent même une certaine sensation dans la région génitale quand il pense ou voit un homme attirant. Il est terrifié et piégé dans le doute. Il va même jusqu'à me dire que le niveau de souffrance est tel qu'il préférerait être « gay » et ne plus souffrir, alors qu'il ne l'est pas.

À partir de là, qu'allons-nous faire ? La première chose à faire est de connaître son histoire personnelle (anamnèse) d'une manière clairement détaillée, avec l'intention de rechercher les éléments, les variables et les situations déclencheurs qui auraient pu influencer le développement d'un TOC.

Une fois qu'ils sont détectés, cela se produit entre la première et la troisième séance, nous ferons une série de propositions concrètes à réaliser dans sa vie personnelle, en plus de la thérapie individuelle. Par exemple : en faisant un sport, où nous passerons un accord entre le patient et moi, ou bien son thérapeute, et bien d'autres actions déterminées qui seront personnalisées pour son propre cas.

À l'IPITIA nous offrons, aux patients présentiels, une participation aux groupes thérapeutiques avec différentes périodicités, de manière volontaire et gratuite, dans lesquels nous réalisons des exercices destinés à activer la partie instinctive et émotionnelle. Je leur suggère toujours qu'ils participent à l'un d'entre eux.

(Les patients en ligne peuvent également assister gratuitement à une thérapie de groupe intensive qui dure tout un week-end : vendredi après-midi, samedi toute la journée et dimanche matin, et qui a lieu actuellement tous les trois mois).

Si Pedro, en plus de suivre une thérapie individuelle, hebdomadaire ou bimensuelle, réalise les activités convenues dans sa vie quotidienne (toutes basées sur l'éveil et la libération des impulsions, ou en d'autres termes, sur l'augmentation de la valeur et l'audace personnelle), participe aux thérapies de groupe gratuites, et s'engage sur ce que nous définissons en thérapie individuelle, les possibilités d'une claire amélioration seront très grandes.

Ce que je lui dirai le premier jour : « *C'est vous qui allez valoriser votre progression dès les premières séances thérapeutiques. Il ne s'agit pas d'attendre six mois pour que vous remarquiez une amélioration. Je vous demanderai à chaque séance, s'il y a des progrès.* » Parce que notre intention est d'être efficace.

Le premier jour, nous lui faisons passer un test d'anxiété pour voir son niveau. On pourra le lui communiquer de temps en temps, afin de vérifier son évolution.

Pedro me demandera probablement combien de temps durera la thérapie et je lui répondrai que s'il remarque une amélioration progressive, c'est lui qui décidera lui-même du temps nécessaire, car une thérapie si elle fonctionne n'est ni courte ni longue, il faut le temps nécessaire pour être bien ou se sentir mieux. Mais normalement, on peut parler de six mois à deux ans, et même si c'est la moyenne, c'est différent pour chaque personne.

23. DES CENTAINES DE PATIENTS AVEC DES RESULTATS POSITIFS

Ces dernières années, nous avons fait des consultations et reçu des demandes de thérapie, comme je l'ai dit au début, dans de nombreuses régions du monde.

De nombreuses personnes sont traitées en présence ou en ligne, et un pourcentage très élevé d'entre elles ont été guéries, d'autres se sont considérablement améliorées et d'autres, pour quelque raison que ce soit, ont montré une résistance au traitement.

Cela peut sembler être une forme de publicité et je ne le nie pas. Mais ma seule intention est de redonner espoir à toutes ces personnes qui souffrent de ce trouble grave. L'âge du patient, qui il est et où il vit ne sont pas important.

Parce que le trouble obsessionnel peut être guéri.

24. LA METHODE AFOP POUR LE TRAITEMENT
DES TROUBLES OBSESSIONNELS

Cette méthode, que j'ai développée, est un acronyme pour Activation et Focalisation Pulsionnelle, qui signifie en résumé tout ce que j'ai expliqué dans ce livre.

Activer les pulsions primaires en se concentrant sur un objectif passionnant, c'est-à-dire : éveiller la vie et l'orienter vers des objectifs spécifiques qui génèrent suffisamment de motivation, de passion et de synergie énergétique pour atteindre son but, à moyen et long terme, afin de guider la vie de la personne.

Il faut donc non seulement activer les instincts, la vie primitive du patient, mais aussi, une fois cela fait, trouver une voie, une destination qui donne un sens à sa propre existence.

Sortir de la prison mentale, pourquoi ? Pour être celui que vous êtes vraiment. En s'impliquant et en osant vivre sa propre vie, la vôtre.

25. Liberer le singe et sauver la princesse ?

C'est le titre original avec lequel j'ai commencé ce livre, bien que je l'aie changé plusieurs fois pendant que je le rédigeais, j'ai finalement décidé de le garder. C'est le plus représentatif, celui qui synthétise le plus mon travail et ce que j'ai élaboré.

Libérer notre singe intérieur, notre nature instinctive, et intégrer (sauver) notre nature féminine (la princesse), en vainquant ainsi un psychisme tyrannique, répressif et contrôlant.

Faisons ressortir l'animal en nous, reconnaissons nos besoins et soyons capables de guérir, d'accepter et d'intégrer les aspects féminins de la psyché. De l'Âme, comme dirait Carl Gustav Jung.

137

Si les lecteurs du livre veulent poser une question, ils peuvent l'envoyer à mon email personnel :

damianruiz.ps@gmail.com

ou à l'email de notre centre : info@ipitia.com

Nous essayons de répondre à toutes les questions ou suggestions qui nous sont faites.

Derrière tout ce que vous avez lu, il y a beaucoup d'effort personnel, un effort soutenu par la vocation professionnelle et la passion d'aider les gens à sortir de la souffrance psychique. Il n'est pas facile, comme je l'ai écrit dans le prologue, de proposer quelque chose de nouveau dans une perspective thérapeutique qui enlève les bases du confort officiel. Et, il faut être vraiment sûr de ce que l'on fait et propose.

Mais comme je viens de le dire, le choc personnel de la souffrance d'autrui est le moteur de mes actions, de mes recherches et de ma réflexion.

Je veux continuer à travailler, avec l'équipe d'IPITIA, pour améliorer encore les résultats de la thérapie que nous proposons, et plus tard, essayer, ensemble, de générer des avancées dans d'autres problématiques et troubles qui, aujourd'hui, ne sont toujours pas résolus à un degré souhaitable, comme la dépression majeure, les tendances autodestructrices ou certains types de dépendances.

La psychologie, la psychothérapie, doivent être efficace et les processus doivent être raccourcis, mais sans tomber dans le réductionnisme ou la standardisation des traitements.

Chaque personne est différente et a besoin d'une thérapie personnalisée dans laquelle elle perçoit une amélioration progressive jusqu'à atteindre un degré de guérison satisfaisant et, si possible, un rétablissement complet.

C'est mon engagement et nous ferons de notre mieux pour y parvenir.

Au fond, ce livre parle de la vie et de la liberté. La vie comme une découverte qui apparaît de temps en temps, la vie qui ressort quand on sort des sentiers battus, quand on regarde Paris avec les yeux de sa première jeunesse, quand on navigue sur « La Dolce Vita » de Fellini, quand on lit un grand roman de Vila Matas ou de Houellebecq par exemple. Lorsque vous tombez amoureux et que vous vous abandonnez, pour vous réinventez, vous permettre de consacrer une nuit, la plus intense des nuits, de dire non à ce à quoi vous aviez dit oui jusqu'à présent, de vous asseoir en regardant la lune et de découvrir que vous êtes fasciné par les belles femmes ou les beaux hommes ou les deux, ou que la musique vous transporte si loin que vous ne retournerez pas aux endroits habituels. La liberté de penser ce que vous ressentez et de ressentir ce que vous pensez, sans vous faire des illusions, sans passer une minute à vous excuser auprès de vous-même ou des autres. La liberté de se peindre le visage en mille et une couleurs, de danser sur le plancher du salon, de sauter lors d'un concert de rock ou devant le Tannhäuser de Wagner, et de vibrer en mettant son esprit dans sa main et en le partageant avec le premier passant qui vous fait un clin d'œil, de voler un baiser à un étranger et s'en aller... Apparaître à Buenos Aires, Rome ou New York, en se détachant du temps chronologique, du temps qui passe et en croyant à la magie.

On vit seulement à travers la passion, on se dévoue seulement à travers l'amour et on peut écrire un livre, comme celui-ci, seulement à travers la liberté.

Merci

REMERCIEMENTS

143

Je tiens à remercier Marina, mon épouse, pour son soutien total dans la création de ce livre, ainsi que dans ma carrière professionnelle et dans tous les aspects de la vie, aux membres de l'équipe qui composent IPITIA pour leur dévouement et leur engagement, et aussi aux membres de ma famille, aux amis, aux collègues et aux personnes de différents milieux, que j'aime et que je respecte et pour lesquels je me sens aimé et respecté.

9 798577 536626